實用

知識

寶鼎出版

대화의 정석: 일, 관계, 인생을 뒤바꾸는 대화의 기술

創造幸福的對話力

47堂解鎖關係、工作與生活的溝通課

溝通專家

鄭興洙（정흥수） 著

張召儀 譯

前言 為什麼現在需要讀這本書？

現今的時代，每兩人中就有一人每年讀不到一本書。隨著技術發展日新月異，人們喜歡立即接收到自己渴求的訊息。與其花時間閱讀，更多人偏好在短時間內取得資訊，像是透過社群媒體瀏覽精簡過的書摘，或是利用YouTube短影音快速接觸世界上的各種新訊等。那麼，在這種不停變化的世界裡，書籍出版還有價值嗎？人們又為什麼要花心力閱讀這本書呢？書中的內容值得投資時間與精力嗎？

無庸置疑，本書擁有豐厚的價值，足以成功翻轉你的人際關係和生活。無論世事如何更迭，人際關係的本質總是亙古不變。在選項過多的混沌世界裡，這本書，將提供你正確的前進方向和準則。如果想在工作、人際關係和人生中取得成就，從現在起，就把書中提到的對話技巧盡數收入囊中吧，耀眼的未來就在前方等著你！

「對話」對你我而言都很重要

為了提升一般民眾的口語表達能力，從二〇一二年開始，我就不斷針對相關主題展開教學，初期的重點，便是透過口語表達來凸顯「自我」。幼年時的我，對上台發表有著極深的恐懼，必須依靠努力才得以克服心魔。後來，我順利戰勝面試時的不安，以播報員、購物台主持人、記者等身分活動了十年，並嘗試以實際經驗為基礎，把口語表達技巧傳授給更多人。例如：借助發聲和發音取得信賴、以語氣提升傳達力、簡單扼要地表達重點、吸引聽眾注意力的簡報、活用非語言溝通來補強口語能力等。

透過課程引導，讓學員們逐步修正原本的說話習慣，開始能夠自信地進行簡報，獲得企業投資或成功通過面試，跟上變化的浪潮。在建立起一定的口碑後，我受邀到全國各地授課，對象包括企業員工、專業人士、公職人員及各行各業的人才，學員中亦有學生、軍人和長者，幾乎橫跨所有年齡層。然而，隨著授課的次數愈來愈多，對象愈來愈廣，我發現有一項能力和口語表達同樣重要，那就是形成人際關係的「溝通」能力，也就是「對話」能力的養成。

無論是誰，只要累積足夠的實力，從某個時間點開始就要負責管理，而身為領導者，知人善任的能力不可或缺，所有領域都不例外。不管是經營者、員工、研發人員、工程師、教師、建築師、醫師、護理師、自由工作者、投資人、家庭主婦或學生，都需要有領導他人的能力，因為我們會在生活中建立人際關係，因此這項原則適用於所有人，不分職業、年齡與種族。建立良好人際關係的能力，是讓生活趨於幸福的核心要素，而建立關係的方法只有一個，那就是「對話」。

寫給受「對話」所苦的人們

然而，不懂得如何對話，在人際關係上遭遇困境的人，其實遠比想像中還要多。有些人隨著事業規模擴大，在管理員工方面不斷感受到壓力，覺得單純領薪水的時期還比較輕鬆；有些人則因為無法讀懂客戶心意，在行銷和宣傳方面吃盡苦頭，不曉得如何以專業知識說服對方，甚至導致公司營運面臨難關。此外，還有些人執行業務的能力非常出色，但總是無法獲得上司認同，以至於在升職的路上觸礁。當然，對話不順的問題也會延續到日常生活裡，像是點菜或購物時，遇到陌生人就感到不自在，於是盡量避免與人交談等，為了反映類似的需求，無人店鋪便如雨後春筍般湧現。另外，也可能發生在家人與朋友之間的交流不順暢，對話總是頻頻卡關等。

渴求精進對話技巧的人，實際上多到令人驚訝，特別是像現在能夠自由連結、交流的時代，深受「對話」所苦的人也持續增加。在社群媒體上粉絲或訂閱者愈多，彷彿就愈能讀懂人心和建立人脈，因此，經營事業的企業或機構，大多積極活用社群媒體，努力打造與群眾溝通的平台。擅長經營社群的公司，不僅收益會大幅增加，事業發展也相當順利。因此，即便需要支付昂貴的成本，仍然有許多人想探究其中的訣竅。

但是，在這個快速連結的世界裡，我們真的與他人緊密相連嗎？在人群之中，我的存在究竟是個什麼樣的角色？面對自己喜歡或珍視的對象，我是否能夠與他們相處融洽？該怎麼做，才能與他人和平共處呢？有沒有什麼方法，可以讓初次見面的人對我產生好感？該怎麼做，才能建立並維持良好的人際關係？要如何讓人們同意我的看法呢？有沒有什麼祕訣，可以讓他人心甘情願地追隨我？

相信是許多人迫切希望得到的答案。

反映人際關係本質的「對話藝術」

為了解決許多人的問題，催生了這本書。出版計畫的終極目標，就是希望幫助讀者大幅改善人際關係，並得以過上幸福的生活。在現今的時代，我們都更應該領悟人際關係的本質，學習與之相應的對話技巧。與急遽變化的社會無關，人際關係的本質，始終保持著相同的面貌，那便是：每個人都渴望獲得認同，成為重要的存在；希望為自己珍視的對象付出愛，同時獲得對方的重視；盼望與他人和諧相處，或者祈願豐衣足食，過得比現階段更幸福。

現今，對話的管道與方式變得相當多元，通話、簡訊、電子郵件、貼文回覆、影像、線上聊天、通訊軟體……等，在必須即時接收大量訊息的環境裡，我們更需要有一本書幫助自己掌握核心重點。而這本《創造幸福的對話力》，便足以作為這樣的生活指南，幫你剖析「對話的定律」，學習如何把話說好。

當在人際關係上遭遇困境時，這本書能夠帶給你洞察一切的慧眼，助你痛快消除各種瑣碎的煩惱與憂愁。此外，本書詳細教大家如何將真心傳達給對方，以及如何與上司、後輩、客戶、消費者、家人或朋友等和睦相處的訣竅。懂得打動人心，或者明智地給予拒絕，就能進一步維持關係並守護自我。書中，將教你如何利用對話建立良好的人際關係，讓生活走向成功與幸福。

本書完整收錄我這十一年來在授課時領悟或累積的對話訣竅，將徹底改變你原本的思維。不僅僅是交談方式，還會對生活整體產生正面的影響，這一點至關重要。在我把這種對話法實際運用到生活裡後，人生也掀起大變化，除了事業逐步擴展、收益增加外，與家人和朋友的關係，亦明顯改善。我開始和陌生人結交為友，喜歡及支持我的人也愈來愈多，讓我光是活著就能感受到滿足。我希望遵循本書展開練習的讀者們，都各自在工作崗位或家庭裡享受著幸福，現在，輪到你引領自己的人生邁向幸福了！

學習對話技巧後的驚人改變

未來的你，也有機會過這樣的生活！舉例來說，某個帶領七百多名員工的企業高階主管，總是忽略部屬面臨的困境。後來，他驚訝地發現，自己的漠視會影響公司發展，於是開始將書中提及的對話技巧，實際運用到企業裡。結果，不僅公司獲利大幅提升，員工們也開始對工作充滿熱情，只要遇到難題，就會來找他商討解決方案。對後輩而言，他是最好的主管，能夠獲得眾人的信任與依賴。

「他是我這二十年來遇到的主管當中，最令人敬佩的一位。」

在領悟對話技巧後，他幸福地表示：子女們也很享受和自己談天的時光。

某位內科醫師經營的醫院，在該地區非常受歡迎。某一次，他為了提醒七十歲以上的患者注意糖尿病，以繪圖的方式說明糖尿病是終身無法治癒的疾病。沒想到，有患者認為醫生的宣導意指「得了糖尿病遲早都會死」，患者的女兒在得知此事後，到共享資訊的網路社團裡批評，發文勸告大家「別去那間醫院」。後來，醫院的患者竟然瞬間少了大半，還差點經營不下去。經過那次事件，醫師開始學習書中的對話技巧，試著跳脫醫學觀點，轉而站在患者的立場發言。他不再強調糖尿病是無法治癒的疾病，而是提倡健康管理的重要性，並詳細說明改善飲食習慣的方法。後來，該醫院還躍升為地區公認最親切的醫院。

另一個案例是，某位新創公司的執行長，成功說服政府機構，獲得大筆的資金支援。若按照平時的習慣，他一定會用許多艱澀的專業術語，解釋開發的過程需要花費多少成本，以及為什麼需要研究這項技術，如果用原來的說明方式，資金的取得或許就變得遙遙無期。但是，這次的提報，他拋開企業立場，站在政府及民眾的角度進行說明：為什麼人們需要這項技術？它可以為大眾的生活帶來多少好處？接著，他強調由政府來推動這項技術的必要性，讓各機構官員意識到可以藉此提升韓國的國際地位。透過本書提及的對話技巧，讓這位新創公司的執行長得以順利與政府密切合作，並獲得全力支持。

激勵人心的案例，現在主角輪到你了

我幾乎每天都會聽到這種勵志的故事，因為有許多學員出現了令人刮目相看的變化。正閱讀本書的你，或許也在人際關係或對話方面遭遇了困境。人生對每個人來說都是第一次，難免碰到挫折，而且不管在哪裡，都沒有人教過我們該如何建立關係，或者怎麼做才能與他人好好對話。無論如何尋找，都沒有一個地方會對此進行長期且系統性的專業教育，只能自己察言觀色地摸索。因此，不管多麼聰明、教育水準多高、經驗多豐富，我們在人際關係經營上總是顯得生疏。所幸，只要願意學習，每個人都可以成為溝通大師。

我剛進職場時，也不懂得如何與同事們打招呼，是要一踏進辦公室就大聲問好、還是分別到前輩的座位上問候呢？沒有人指導我該怎麼做。陌生的業務內容，能不能向前輩請教呢？我擔心自己浪費他人的時間，或讓我因此看起來笨手笨腳。和不熟的主管搭到同一部電梯時，也不知道能聊些什麼，只好一直安靜地發呆。本以為隨著資歷愈來愈深，情況會有所好轉，但卻發現面對部屬比面對主管還要更難。我不清楚最近的年輕人關心什麼，於是刻意保持距離。

後來，我仔細閱讀了許多成功人士寫的自我開發類書籍，包括對話技巧、心理學、人際關係原理等。接著，我逐一分析各領域翹楚，以及與在組織中取得成功的優秀人才接觸。不久後，我發現他們都有一項共通點：無論在哪種領域，他們的成就都離不開善於對話和經營人際關係的能力。或許，這就是亙古不變的真理吧，若想登上高位，就必須獲得人們的信賴與支持。換言之，人終歸需要人。

這本書，將為你編織耀眼的未來

我把這些溝通祕訣運用到生活裡，自此過著充實的日子。世界對我張開雙臂，無論走到哪裡，都有人給予我支持和守護。因此，我得以挑戰更多目標，並在生活中一步步實現。我獲得許多人的信賴，忠實的支持者不斷增加，人際關係和事業蒸蒸日上。透過講座和影音，我向數十萬人宣傳改變人生的對話法，願意跟著我學習的人，也在日常中體驗到驚人的變化。他們樂於享受完全不同的人生，並且將自己的成功經驗分享出去，而我則把所有的對話訣竅，都彙整收錄到這本書裡。

現在，輪到你了。這本書倡導的對話方式，將會改變你的生活，讓你在人生的重要時刻發光發熱。你的夢想，將會提前化為現實；你會遇到熱心提供協助的貴人，工作和事業繁榮昌盛，支持者也會逐漸增加；你所珍惜的人，會因你而感到加倍幸福。試著想像一下吧，看著自己所愛之人每天露出幸福的笑容，內心該有多滿足呢？

這本書，是我為了你的幸福而寫。你的幸福，就等同於我的幸福，讀者因我而快樂，我也因讀者而充實。現在，立刻找個地方翻開本書吧！無論翻到哪一頁，必定都能讓你產生共鳴。這本書的所有內容，都將對你的人生有益，足以讓未來的對話變得愉快，形成良好的人際關係，甚至帶來巨大的收益。真心祝福每位讀者能早日抵達幸福的國度！

目次

CONTENTS

CONTENTS

機智的提問，能創造愉快的對話

對話難以延續的情況，大多來自對另一方不感興趣。交談不間斷的關鍵在於「關心」，內心感興趣時，就會不斷圍繞著對方提問。把焦點放在「人」身上吧，去好奇對方的想法、心情或感受。

第1章

01 承認他人與自己的差異

在某個綜藝節目裡，製作單位安排了五位二十～三十多歲、從未談過戀愛的男性參與。為了找出他們成為「母胎單身」的原因，製作團隊規劃一場模擬聯誼，讓這五名男性輪流與女性交談十分鐘。

男性：妳吃午餐了嗎？
女性：嗯，簡單吃了一個三明治。你吃過了嗎？
男性：啊，妳應該會餓吧。我中午吃了泡菜鍋。
女性：這樣啊。
男性：妳的興趣是什麼呢？
女性：嗯……應該是看電影吧？你呢？有什麼嗜好嗎？
男性：我喜歡運動。那麼，妳最喜歡什麼食物呢？
女性：我不挑食，都喜歡。
男性：我也喜歡美食。

對話結束後，製作團隊詢問女性的感受，得到的回答是：「有點無趣」、「感覺不到魅力」。

尋找彼此的共同點，為什麼只是徒勞？

雖然五名男性的年齡與居住地區不同，但他們皆採用相似的對話模式——以提問展開攻勢。更準確地說，是期待透過提問，找出彼此共同關心的事物，如果沒有交集，就馬上再換其他主題。

類似的情況，在我們的周遭屢見不鮮。通常在職場或聚會上，與初次見面或不熟的對象交談時，很多人會極力尋找彼此的共同點，認為只要找到共同關心的話題，氣氛就會變得緩和。他們在找出合適的主題，獲得良好的回應後，就習慣把一樣的話題套用在其他人身上。不過，對話不一定會朝著預期的方向發展，所以他們依舊苦惱不已。

假如你鼓起勇氣向初次見面的人提問，但對話並不順利，或者交談的過程經常中斷，支支吾吾地難以接續，那麼你很可能就是屬於尋找共同點的類型。這種對話方式的問題在於，當對方尚未充分回答完問題，你就貿然地轉換到其他主題，很可能讓對方誤會「原來你對我不感興趣」。因為每個人都喜歡分享自己，但你卻沒給對方表達的機會。

不可否認，提問是引導對話的好方法，但提問的目的也非常重要。若透過提問來尋找共同點，這些問題的中心只有「我」，並沒有對方的存在。換句話說，提問時內心的立基點，是想確認「對方喜歡的事物」與「我喜歡的事物」是否吻合。因此，只要與我的喜好不同，就算對方正在講述自己感興趣的事，我也會瞬間切換話題。

提問真正的目的是什麼？

從現在開始，讓我們忠於提問的目的吧。假如提問的目的是為了贏得好感，那麼就要先了解對方是什麼樣的人。必須跳脫自我框架，把視角完全集中在對方身上，別好奇對方與我有哪些共同點，而是要把自己和對方分開來看。如果提問的出發點不再是「我喜歡跑步，他喜歡什麼呢」，而是「他在空閒時會做些什麼」、「做哪些事會感到快樂」，那麼對方回答的所有內容，就會讓你感到新鮮和有趣。

在前述的對話裡，男性詢問女性是否已吃過午餐。一聽到對方回答「吃了三明治」，馬上就接著說「妳應該會餓吧」。就中午吃了泡菜鍋的這位男性立場來看，他覺得對方吃三明治很可能會餓，但實際上根本不知道對方的感受。別一下子就斷定對方吃不飽，進一步問看看吧。再強調一次，每個人都喜歡分享自己，如果你覺得自己不屬於這種類型，只是因為還沒遇到善於傾聽的人。別讓這種想法阻礙對話，徹底從腦海中抹去吧。假如我是範例中的男性，我會用下列的方式提問：

男性：妳吃午餐了嗎？
女性：嗯，簡單地吃了一個三明治。你吃過了嗎？
男性：嗯，我中午吃了泡菜鍋。妳會不會餓？平常午餐都吃這麼少嗎？
女性：沒有啦，我平常也吃韓食，但今天因為要錄影，所以才吃得簡單一點。
男性：原來如此。那妳想吃甜點嗎？有蛋糕和麵包。或者等錄影結束後，一起去吃個飯？

針對一項主題深入提問

以午餐為題，然後順勢提出約會邀請，這就是提問的絕妙所在。此處的重點，在於針對某一主題進行深入的交談，例如「你喜歡哪一類韓食？」、「為什麼喜歡那道料理呢？有什麼特別的回憶嗎？」、「平時在家也會做飯嗎？」、「有沒有什麼討厭的食物？」、「最喜歡哪一家餐廳？」……等。別只挑其中一個問題，而是儘可能全面性地發問。

針對一個主題進行深入的對話，就可以好好了解對方，進而達到提問的目的。自己的故事，等兩人變親近以後再聊也無妨。假如真的想贏得某個人的心，就先讓對方把想說的話說完。若對方向你吐露了自己的故事，那麼對他而言，你就是特別的存在。這一點，是非常重要的對話原則，也是說服他人的關鍵。

放下個人觀點，對方就會變得清晰可見。不必苦惱要提什麼問題，或者有沒有合適的主題，只要把焦點放在「人」身上即可。「他是什麼樣的人？」、「平時怎麼生活？」、「關心哪些事物？為什麼？」、「從什麼時候開始感興趣的？」只要抱持著好奇心，問題就會自然而然地冒出來。「在對方眼裡，我是個什麼樣的人呢？」、「這麼問會不會有點失禮？」……類似的煩惱，都是把注意力放在自己而不是對方身上。盡量拋開自我，關注對方吧！多對自己感興趣的人提問，試著贏得對方的好感。擺脫個人框架，圍繞某個主題深入地挖掘和提問，就能在短時間內獲得許多關於雙方的資訊。當然，除了關心的事物之外，也可以進行其他有趣的對話。

承認彼此的差異，對話就能更深切

有些人只要碰到自己不關心的主題，就很難延續對話。因為什麼都不了解，所以不知道該說些什麼；如果坦率地表示自己沒興趣，對方可能會感到不舒服，只好一直隱瞞下去。不過，對話時若總是想尋找兩人共同關心的事物，就無法展開深度對話，最終只會錯過眼前的對象。

從現在起，請試著放下類似的想法吧，別把自己的憂慮擺在首位。即使知道對方關心的事物與我不同，也要把焦點集中在對方身上，思考他為什麼喜歡那些事物，聽他講述自己的故事。只要跳脫個人觀點，提問就會接二連三地產出，對話也能無止境地延續。對方本來與我就是不同的個體，就連生下我的父母或有血緣關係的手足，也不一定和我擁有完全相同的喜好，不是嗎？每個人都是獨一無二的存在，因此，別再試圖找尋彼此的共同點。

在學員們面前，我經常直接了當地點破：「別妄想和對方擁有共同點。」如果懷著類似的期待進行對話，那麼只要一看到雙方的差異，就很容易認為自己與對方不合。**承認彼此的不同，對話才會充滿趣味，且無論和誰交談，過程都會變得愉快。**

Key Point

對兩人的差異感到好奇並發問

❶ 契機：發現差異點時，是詢問對方的契機。

❷ 心情：問問看對方從事該活動時有什麼感受。

❸ 描述：仔細詢問具體的內容。

❹ 類似：舉出類似的事物，確認對方是否感興趣。

Action

希望與對方變得親近時

❶ 契機：「從什麼時候開始喜歡的呢？特別喜歡哪些部分？」

❷ 心情：「從事那項活動時心情如何？」

❸ 描述：「有點難想像，能說得仔細一點嗎？」

❹ 類似：「那你也喜歡〇〇嗎？」

02 問題的核心要放在「人」

一位在法院工作的四十歲女性，覺得自己很不擅長與他人對話。雖然她對發表或報告充滿自信，但只要與後輩們坐在一起吃飯聊天，她就完全找不到話題。

後輩1：你們有看昨天開播的法庭電視劇嗎？內容真的和我們工作的法院一模一樣！

後輩2：對啊，主角根本就是我們部長。

後輩3：那部電視劇有趣嗎？早知道我就一起追了！我只知道有這部劇，但沒注意到是昨天上檔。

當事人：……。

後輩們討論電視劇時，當事人只坐在旁邊聽，然後飯局就結束了。我問她在碰到類似的情境時，內心通常有什麼想法，她表示自己通常在思考該說些什麼，或者應該如何反應，於是就錯過了參與話題的時機。此外，她在與好友通話時，也經常不曉得該怎麼回應，只能靜靜地聽對方說話。

重點在於「對象」而不是「話題」

假如我是當事人，會向後輩們如此提問：

後輩1：你們有看昨天開播的法庭電視劇嗎？內容真的和我們工作的法院一模一樣！

當事人：真的嗎？哪些地方很像呢？

後輩2：對啊，主角根本就是我們部長。

當事人：部長？為什麼？哪一點特別相似嗎？

後輩3：那部電視劇有趣嗎？早知道我就一起追了！我只知道有這部劇，但沒注意到是昨天上檔。

當事人：我平常很少看電視，所以完全不知道。你們喜歡看電視劇嗎？

除此之外，還可以詢問「為什麼覺得追劇是種享受？」、「從什麼時候開始喜歡電視劇的？」、「學生時期也喜歡追劇嗎？」、「到目前為止，你覺得最有趣的電視劇是哪一部？」、「其他國家的劇你也會看嗎？」、「你通常在什麼時候追劇？我朋友都是用看劇來紓壓」、「電影你也喜歡嗎？追劇時比較注重劇情還是演員？」、「追劇時你會很投入，還是就放著聽？」……等等。

聽完我的回答，當事人驚訝地表示怎麼可能瞬間想到這麼多問題，接著又說道：

「我不喜歡追劇，而且從小就不怎麼看電視。當時大家正興高采烈地討論劇情，我如果突然表示不喜歡電視劇，一定會破壞氣氛吧，所以我選擇保持沉默。我好像一直都是這樣，為了尋找話題，早上還會特地讀報紙，這樣至少提到政治或經濟時，還能夠聊得起來。我總覺得自己應該傳遞一些大家不知道的時事。」

發現我和當事人的區別了嗎？她對後輩其實不感興趣。亦即，並不是因為不喜歡追劇，所以沒有可用於聊天的「素材」，而是根本不關心聊天的「對象」，以致於沒有好奇的部分想提問。不管後輩們是否喜歡追劇，當事人的焦點都只放在自己身上──「我該說些什麼呢？」、「我不太喜歡電視劇」──以自我為思考的中心。

對話中斷的真正原因在於「漠不關心」

一位三十多歲的記帳士，與公司前輩對話時經常會突然中斷。

當事人：前輩，週末過得好嗎？都做了些什麼？

前輩：我週末在畫畫，你要看看嗎？

當事人：好啊，我很想看！（在看完之後）這幅畫看起來有點寂寥感。

前輩：嗯……我想表達的不是這種意境。

當事人：啊，這樣啊……。

對話突然在此打住，辦公室瀰漫著尷尬的氣氛。前輩的作品，是一位女性在海邊望著地平線的背影。當事人難過地表示：不曉得自己犯了什麼錯，只要與前輩聊天，總是會結束得很倉促。假如是我，應該會如此提問：

「前輩，這是什麼樣的畫呢？主題是什麼？」、「畫中的女性是您嗎？或者只是想像中的人物？」、「您很喜歡畫畫嗎？」、「從什麼時候開始學畫的呢？」、「平常都用鉛筆作畫嗎？還是會為作品上色？」、「您是抱著怎樣的心情創作這幅畫的呢？」、「創作時花了多少時間？」、「平常週末您都在畫畫嗎？」、「什麼時候會特別想作畫？」、「創作時通常帶著何種情緒？」、「還有其他作品嗎？」……等等。

接著，我問他「是不是不喜歡前輩」，當事人坦然承認，並告訴我他很想換部門。許多人在聊天時覺得無話可說，並不是因為不善交際，而是對談話的對象不感興趣。碰到自己關心的對象，我們通常能聊得十分起勁。

只要感興趣，提問就會源源不絕

是否有和好朋友徹夜暢聊，或者和戀人熬夜通話的經驗呢？面對喜歡的人，自然而然會心生好奇；反之，碰到不喜歡的人，因為完全不感興趣，當然也沒有什麼想問的。

當事人只是因為前輩在旁邊，自己必須主動搭話，所以拿星期一早上慣用的問候「週末過得好嗎？」來開啟話題。接著，他雖然配合前輩的回答，表示自己想看看畫作，但其實根本不關心對方做了什麼。因此，他一看到畫，馬上就抒發「個人」想法，指出畫風既清冷又寂寥。而前輩則顯得有些不悅，為什麼呢？因為他的畫作受到了點評。在一知半解的情況下貿然給予評價，很可能引起反感。此外，前輩也一定知道後輩對自己漠不關心。

對話難以延續的情況，大多來自於對另一方不感興趣。**交談不間斷的關鍵在於「關心」，內心感興趣時，就會不斷圍繞著對方提問**。因此，想提升對話品質，必須把焦點放在「人」身上，也就是好奇對方的想法、心情或感受。

沒必要對所有人都感興趣

試著找出自己想親近或感興趣的人，並努力投入對話吧。不過，有些人本來就對他人興致缺缺，若強迫自己付出關心，反倒會備感壓力。我不建議做出讓自己難受的行為，因為不管如何自我要求，對他人的關心都不會增加。

沒必要對每個人都感興趣，因為只有少數人能讓我們感受到幸福——有可能是慈愛的父母、永遠的伴侶、無可取代的朋友、值得追隨的前輩、令人驕傲的後輩、為工作帶來樂趣的同事，或者比家人更可靠的鄰居。讓我們學會珍視生命裡重要的對象，付出真心的關懷。你的努力，將會換來幸福的回報。

世界上有很多我們不感興趣的人，既不想與之親近，也不想刻意討好。在日常生活中與這些人對話時，不妨以探索世界的態度，為「自己」而提問吧。就像讀書能獲得智慧一樣，與他人交談，也可以進一步了解自我。愈是見證世界的遼闊與人類的多樣群像，就愈能開拓視野，加深對生命的理解，這才是對話真正的價值。

Key Point
圍繞著對方提問

❶ 坦率：坦率有助於延續對話。

❷ 對象：別只想著「自己」，應該聚焦在「對方」身上。

❸ 關心：詢問對方從何時開始、為什麼對某件事感興趣，以及愛好有多濃烈。

❹ 想像：一邊聽，一邊在腦海裡想像。

Action
希望與對方的交談自然延續下去時

❶ 坦率：「我沒嘗試過，所以不太清楚。有趣的點在哪呢？」

❷ 對象：「對你來說，哪個部分特別吸引人？」

❸ 關心：「你是從什麼時候開始這項活動的呢？」

❹ 想像：「也會覺得刺激嗎？」

03 在表達自身想法前先詢問理由

有次我正在家裡和七歲的姪女一起畫畫，沒想到屋外突然烏雲密布，下起傾盆大雨。姪女嚷著閃電很可怕，非找地方躲起來不可。

姪女：啊！好可怕！姑姑，我們躲起來吧。

我：要躲去哪裡？

姪女：過來這裡，躲在桌子底下吧。

我：姑姑已經是大人了，塞不進桌子底下。（姪女要求我說話時自稱姑姑）

姪女：就試試看嘛，閃電好可怕啊！

換作是你，會對害怕閃電的姪女說些什麼呢？

詢問理由，就能聽到意想不到的答案

大部分的人，都會依照自身經驗來解釋給小孩聽。

「沒事的，不會受傷。」

「別害怕，家裡很安全。」

雖然自己童年時也很怕閃電，但是長大後就逐漸習慣，因為知道被閃電擊中而喪命的機率微乎其微。戶外也許有危險性，但在室內非常安全。不過，當時的我選擇先問姪女害怕的原因。

我：為什麼閃電很可怕呢？

姪女：（摀住耳朵）就很可怕啊。

我：閃電的時候，哪一點讓妳感到害怕呢？是閃電過後打雷的聲音嗎？（為了聽到確切的原因，將問題具體化。）

姪女：（仍然摀著耳朵）嗯，打雷太大聲了。姑姑妳不摀耳朵嗎？

我：嗯，我不太會被打雷的聲音嚇到。妳從什麼時候開始害怕閃電的呢？

姪女：從小時候開始。（明明現在也還是個孩子。）

我：那是幾歲的時候呢？每次打雷，妳都像這樣躲在桌子底下嗎？為什麼？

姪女：大概從五歲時開始？媽媽也怕閃電，會和我一起躲起來。

我：原來是這樣。閃電的時候，妳會想到什麼呢？

姪女：被閃電擊中的話會死掉，我不想死！

我：妳不想死？死亡很可怕嗎？（當下真的嚇一跳，沒想到會從孩子口中聽到「我不想死」。）

姪女：當然啊，我才不想死！

我：原來莉娜討厭死亡啊。（姪女喜歡我叫她的名字）為什麼討厭死亡呢？

姪女：死掉的話，就見不到爸爸和媽媽了呀。我不要死，我要活很久很久。

我：沒錯！莉娜要活很久很久！（為孩子堅定的生存意志讚嘆）

姪女：姑姑，妳不怕死嗎？

我：嗯，姑姑不害怕。只要現在能和妳在一起，姑姑死了也無所謂喔。

姪女：欸？為什麼？（彷彿第一次聽到有人說「死了也無所謂」）

為什麼能和七歲的孩子順利溝通？

我們的對話，在桌子底下繼續進行。嫂嫂見到這幅情景，忍不住問：「妳們倆在講什麼悄悄話呢？」姪女每次和我見面，總是有聊不完的話題。我對七歲孩子的想法十分好奇，像是為什麼會做出這樣的舉動、腦海中在想些什麼、對哪些事有興趣、希望自己有什麼專長、覺得做哪些事最有趣、難過時會有什麼感受、孩子眼中的世界是什麼模樣……等。看我們聊得如此起勁，莉娜的父母覺得非常神奇。

試著對談話的對象充滿好奇吧。在提出自己的看法以前，先問問看對方行動的原因。我和姪女相差近三十歲，之所以能夠愉快地對話，關鍵就在於我們會互相詢問原因。我對姪女投以關心，而姪女也對我深感好奇。此外，我懂得尊重姪女，不把她當孩子看，一味用幼稚的語氣對話。假如我把她視為孩子，或許一開始就會出言糾正。當然，成年人有責任和義務保護孩子，教導他們生活的智慧，但當時的我們正在玩耍。玩耍時，我和姪女就是朋友，我會以朋友的姿態相待。

倘若我只把姪女當成年幼的孩子，就很容易從自己的觀點出發，滿嘴都是教條。所謂的建議，必須視對方的需求提出。假如你連問都不問，就不斷把自己的想法塞給對方，那麼對方只會愈來愈沉默寡言，甚至迴避和你交談。跳脫自我框架，把對方視為獨立的個體吧。唯有如此，對話的內容才會變得豐富，無論碰到什麼話題，都能自在地展開交流。

解決之道，只有當事人最清楚

我和後輩約好一起吃晚餐，才剛見到面，她就開始抱怨自己很累，工作堆積如山。

後輩：前輩！我今天工作量爆多，真的好累。

我：工作突然增加了嗎？

後輩：不久前來了一個新部長，他下達的指令不夠明確。

我：怎麼說？

後輩：原本要我這週寫好企劃報導，我都開始寫了，他才突然說要換新的主題。

如果是你，會怎麼回應呢？「那妳報導寫完了嗎？重寫之後，部長怎麼說？」、「部長第一次下達的指令是什麼？」、「部長的個性是哪種類型？」諸如此類的提問，就彷彿自己也身歷其境，掌握情況後在腦中設想及分析，嘗試為對方思考解決方案。

反之，有些人的話則會令對方感到氣餒。

「反正事情都過去了。」

「公司有新進人員的話，剛開始都會很辛苦，看來你需要一點時間適應。」

此外，有些人只會應聲附和，連問都不問一句，就開始回顧自己的經驗。

「我以前也碰過這樣的主管，真的很討厭。」

接下來，則是不斷講前任主管的壞話。

然而，後輩真的不知道問題的解決之道嗎？當時的我，選擇詢問「原因」。

我：哪一點讓妳覺得很辛苦呢？

後輩：一週寫一篇企劃報導，其實負擔很重，而且除了企劃報導之外，每天還要寫五～七篇新聞。我已經盡量擠出時間去做企劃報導，但寫到一半，部長又突然推翻原本的主題，要我去寫一篇新的。這篇企劃報導不是只有我一個人負責，還有一位後輩和我一起執行，其實我更擔心他的狀況。

我：啊，後輩也會一起寫嗎？（得知新的事實，公司的後輩也一起參與企劃報導）

後輩：對，我已經有六年資歷，可以很快地重寫，但那個後輩才到職沒多久，企劃報導對他來說還很困難。資料調查已經花了很多時間，現在又突然說要重寫，他一定很崩潰。

部長應該先擬定一個方向，但他每次都只叫我們去執行看看，真的讓人很悶。

我：主管為什麼老是那樣呢？（後輩因為擔心自己的同事，所以才感到焦慮）

後輩：我也無法理解。局長把營運部門交給部長負責，但他還要注意行銷的部分，剛上任就有很多業務要消化，適應新環境應該也很辛苦。

我：聽起來大家工作量都很重。妳覺得以後怎麼做會比較好？

後輩：（認真思考了一下）首先，部長真的忙得不可開交，所以我打算以後先和其他前輩討論，希望能獲得明確的指示。另外，我也想聽聽看後輩在工作上遇到的困難，教會他如何撰寫報導。（在對話的過程中，後輩似乎找到了問題的原因。）我剛進公司時，跟著前輩學習如何看財務報表，以及撰寫報導時該怎麼下筆，前輩的引導給了我很大的力量。可是，現在公司的業務變得很忙，後輩們根本沒有學習的機會，馬上就要被派去寫新聞，應該撐得非常辛苦。新人時期，一定都無法判斷自己做的是對還是錯。明天上午，我得約前輩出來討論一下。

我：對啊，妳跟前輩談談看，他很願意聽取意見不是嗎？

後輩：好，謝謝你！前輩，妳今天去哪裡演講？

後輩自己找到了解決問題的方法。在對話的開頭，她認定是因為「新來的部長」工作量才暴增，但聊著聊著，她逐漸發現自己擔心的是「公司後輩」。身為前輩，理應在部長與後輩之間溝通協調，但自己好像做得不夠好，她對此感到相當茫然。剛開始因為找不到確切的原因，所以她把錯歸咎於部長，直到意識到問題的根本，其實在於公司缺乏系統性的教育。這時，她不再抱怨，找出解方之後，臉上露出明朗的笑容。

有些人會像後輩一樣，找不到煩惱的確切來源。人們在浮現不滿或擔憂的情緒時，很容易先埋怨他人，而不是仔細覺察自己的心。於是，後輩和同事都把矛頭指向部長。假如我跟著她一起嫌棄主管，或者糾結於部長的工作方式，結果會如何呢？應該對事情毫無助益。**解決問題的方法，通常當事人最清楚，我們只要在一旁引導他尋找答案即可**。

Key Point

探詢理由的提問法

❶ 積極：積極地提出問題。

❷ 共感：為了給予共鳴而詢問理由。

❸ 內心：用提問引導對方自己找到答案。

❹ 理解：為了理解兩人的差異而提問。

Action

在日常生活與家人或朋友對話時

❶ 積極：帶著微笑，詢問對方「有什麼樣的想法」。

❷ 共感：認同對方的想法，並詢問「為什麼那麼想」。

❸ 內心：詢問「原因是什麼呢」，幫助對方自己找到答案。

❹ 理解：詢問「為什麼」，理解自己和對方的不同。

04 先問「感受」而不是「結果」

一位五十多歲的男子，希望能和小學三年級的兒子聊得久一點。以下是他和兒子晚餐時的對話。

爸爸：考試考得好嗎？

兒子：嗯，昨天都考完了。

爸爸：對過答案了嗎？成績如何？

兒子：嗯，平均應該有九十分以上。

爸爸：哪一科考得最高？

兒子：數學。

爸爸：英文呢？

究竟這樣的對話，可以持續多久呢？

不善對話的人，經常把焦點放在「結果」

為了表達對兒子的關心，當事人首先以近期的考試開啟話題。假如兒子的成績優秀，他打算給予稱讚；若成績不好，他則希望與兒子分享一些念書的方法，沒有任何說教或訓斥的意圖。作為一名父親，他只希望能好好和兒子交流。不過，這種方式的對話，其實很難延續下去，因為問題都有既定的答案。「考試考得好嗎？」面對這項提問，除了「好」與「不好」之外，難道還有其他答案嗎？不然就是頂嘴或發脾氣：「我不想談這個話題！」

不善對話的人，經常會拿明顯的結果或現象作為對談內容，例如「今天做什麼了？」、「去了哪裡？」、「吃飯了嗎？」。雖然這些問題的初衷是為了表達關心，但對方的回答若過於簡短或冷漠，就會讓人有種碰壁的感覺。

提問時，不妨把焦點放在「感受」上吧。所謂「感受」，指的是對某種現象或事件產生的「情緒」或「心情」。如果以「感受」作為提問，對話就可以無止境地延續，因為答案還沒有定下來。

試想一下，一起參加考試的同班同學，內心都會有相同的感受嗎？當然不是，每個人都會產生不同的情緒：有的孩子覺得無聊，有的孩子因為題目比預期簡單而興奮不已，有的孩子因為題目太難而煩惱，有的孩子得意地預期自己會考第一，有的孩子則是想到考完可以出遊就雀躍不已。假如真的不在意兒子的成績，只是想和他親近的話，就把提問的重點放在感受上吧。

聚焦在感受上的提問

活用「情感」、「心情」、「感受」、「感覺」等詞彙的提問如下：

「答題時，你有什麼樣的感覺？」

「在考前複習的那段期間，你的心情如何？」

「考完之後，你有什麼樣的感受？」

如果在提問中加入情緒詞彙，兒子將能更快地表達當時的情緒。

「答題時有什麼感覺呢？是感到有趣，還是有點迷茫？」

「在考前複習的那段期間，你的心情如何？讀書對你來說是一種享受，還是只感到鬱悶呢？」

與「情感」含義相似的詞彙還有「想法」和「心境」，可以試著這樣問：

「在解題時，你有什麼樣的想法呢？」

「考完試和朋友聊天時，你的心情如何？」

另外，與「想法」相關的延伸詞彙則有「興趣」、「期待」等，例如：

「考完試後，有沒有哪個科目讓你特別感興趣？那個科目適合你嗎？」

「在答題時，心裡有什麼樣的期待嗎？」

各位，抓到訣竅了嗎？也可以活用其他詞彙和語句，來詢問對方的感受。

如果以類似的方式提問，兒子就會開始回顧自身的情感。只要具體詢問對方的感受，即便是不擅表達情感的人，也能輕鬆說出自己的內心想法。提問非常重要，根據問題的不同，回答也會不一樣。

假如對方的回答很冷漠，極有可能是自己拋出的問題過於生硬，假如對方的回答很簡短，極有可能是自己設定的題型過於單調。下一次，不妨用更具體、有溫度的表達，進一步詢問對方的感受吧。

用言語來表達關愛

父親曾問過我平時講課的狀況，以下是我們的對話。

爸爸：這週妳預計到哪裡講課？

我：三星電子、LG 電子、LG U+、Google 新創學院，還有幾個單位正在談！

爸爸：跑好幾個地方啊……妳一天大概要上幾小時的課？

我：只有一堂的話，大約一～二小時，多的話可能會到十小時。

爸爸：十小時？天啊，那妳怎麼吃飯？

我：有時會在企業附設的餐廳吃，有時會準備紫菜包飯，在車子裡邊移動邊吃。

爸爸：工作多雖然很好，但也別讓身體太累，要記得注意健康。

我很了解爸爸的心意，知道他對我充滿關愛，處處為我著想。童年時手機尚未問世，爸爸每天都會從公司打電話回家，輪流詢問家人們有沒有按時吃飯。現在，爸爸成為了家裡的情報員，負責發送每天的天氣預報及重大新聞，以此來表達自己的關愛。不過，我還是暗自希望爸爸能多關心一下女兒的感受。

我希望父母可以這樣問我：

「講課時，哪一點讓妳覺得樂在其中？」

「連續上十小時的課應該很累吧，是什麼支撐妳繼續前進？」

「學員們從妳的課程中領悟到什麼，會讓妳覺得特別滿足？」

「講課時，哪一點最讓妳感到疲憊？有什麼想說的都可以告訴爸爸。」

「有沒有哪個人讓妳覺得很辛苦呢？」

「在開始講課前，妳通常抱著什麼樣的心情？」

「課程結束後，妳有什麼樣的感受？」

「最近妳的表情看起來很幸福，是因為做了自己喜歡的工作嗎？妳覺得開心嗎？」

「最近在什麼情況下會覺得幸福？」

光是想像就覺得溫暖，彷彿和煦的陽光照射到心靈的某個角落。很多人不習慣上述的表達方式，但我相信，唯有滿足對方的需求，才是正確表達關愛的方式。每個人都渴望被愛，更希望感受到自己被愛。

即使覺得困難，也要讓自己努力看看，若對語句表現不熟，就敦促自己練到滾瓜爛熟為止。親愛的家人和伴侶，正等著你拋出暖心的提問。改變自己的說話方式很容易，不必花費金錢，也不用投入很長的時間。**只要下定決心，放棄自己過去的說話習慣，專注在對方的感受上即可**。只要願意開口，其實一點都不難。

「這週，你什麼時候最感到幸福？」

有一個人，總是會對我拋出這樣的提問：

「這週，你什麼時候最感到幸福？」

第一次聽到這個問題時，心裡覺得非常陌生，因為過去從來沒有人問過我關於幸福的問題。雖然我已忘了當初回答什麼，但當下感受到的滿足，至今仍記憶深刻。一回想起幸福的瞬間，心情也跟著變得開朗。而他在聽完我的故事後，更積極地給予共鳴：「哦？真的嗎？太好了！很值得慶祝！妳應該很幸福吧，我也覺得很開心。」

接著，他會再向我問道：「有哪件事讓妳覺得壓力很大嗎？」某次，我告訴他：「洗衣籃裡的衣物堆積如山，我覺得壓力很大。因為一直沒時間去乾洗店，看著衣服愈累積愈多，心裡的壓力也愈來愈重。」他露出無奈的表情，一語點破核心：「那是因為妳衣服太多了，丟掉一些吧！」我從來都沒想過自己的衣物是否過多。回到家後，我把大部分的衣櫃清空，然後盡量選穿可以用洗衣機洗滌、不必乾洗的衣服。現在，我會用乾洗店的 **APP**，即時清洗那些需要乾洗的衣物，煩惱瞬間解決！

與他見面時，我的心情總是充滿喜悅與感激，因為他能夠幫助我回顧幸福的瞬間、替我紓解壓力，還懂得尊重並珍惜我的情緒。從那時起，我就積極地把這個方法分享給大家。在和最近認識的朋友一起喝咖啡時，我也詢問對方：「這週，你什麼時候最感到幸福？」他的回答是：「現在！此刻的我難得悠閒，覺得很幸福。」於是，我鼓勵他「盡量享受此刻的幸福」。同樣的方法，你也可以對自己關心的對象試試看，與對方一同感受快樂，並引導他化解內心的壓力。

Key Point

將提問聚焦於情感

❶ 過程：提問時把重點放在「過程」，而非「結果」。

❷ 喜悅：詢問對方什麼時候覺得開心。

❸ 疲憊：詢問對方什麼時候覺得辛苦。

❹ 情緒：詢問對方有什麼情緒、感覺、心境或想法。

Action

與珍視之人對話時

❶ 過程：「過程中你有什麼樣的感受？」

❷ 喜悅：「什麼時候最讓你感到開心？」

❸ 疲憊：「什麼時候最讓你覺得辛苦？」

❹ 情緒：「當下的你產生何種感覺？」

05 與其追根究柢，不如選擇更好的提問

有些人聊著聊著，就會讓人感到煩躁，因為對方總喜歡打破砂鍋問到底。

主管：在開始從事授課之前，妳做過哪些工作？

我：當過播報員、購物台主持人，也做過一陣子的記者。

主管：感覺妳在媒體業待了很久？

我：對啊，大概有十四年。

主管：妳很早就踏入職場了嗎？

我：嗯，畢業後沒多久就開始工作了。

主管：妳之前是在哪裡當播報員？

來聽我講課的某位企業主管，像在審問一樣不斷地提出問題。為了加強和員工們的溝通，他正在和我進行一對一授課。由於渴望改善公司的組織文化，所以他經常和新進人員單獨吃午餐，或者和年資較淺的員工們在晚上聚會。他自認和部屬對話時氛圍輕鬆，但對方卻總是覺得充滿壓迫。因此，

我請他把我當成部屬，試著對我拋出問題。才不到一分鐘，我就大概能理解員工們是什麼樣的心情。

我問他內心想表達的到底是什麼，他如此回答：

「我看了老師寫的書，發現您對『說話』這個主題有很詳盡的研究，應該是花了很長的時間學習，才能當上播報員。考上播報員時，內心應該很高興吧？所以我才提出那樣的問題。」

接著，我回答道：

「我完全感受不到你的想法。剛才的那些提問，都像是在確認我的經歷，好像是在評估：『這個人適合當我的老師嗎？』」

已有定論的提問，容易招致反感

提問時，如果不把焦點放在「對方」，而是集中在與對方相關的「事實」上，就很容易變成追根究柢式的訊問。這類提問，其實已有固定的答案，差別只在於要不要把事實說出來。心理學將這種已有定論的問題稱為「封閉式問題」（Close-ended question），因為能獲得的答案有限，所以會導致對話品質低落。即使自己是因感興趣才問，過程也很容易讓對方覺得是在進行「事實查核」，對此心生反感。接著，讓我們再來看看下面這對情侶的對話。

女友：哇，今天收到薪水了！

男友：是嗎？收到多少？

女友：比上個月多！還包含了業績分紅。我們去吃好吃的吧！

男友：業績分紅？妳拿到百分之多少？公司所有人都有嗎？

女友：二〇〇％。應該全部人都有拿到，這個月公司的業績成長很多。

男友：所以到底是領了多少錢？

女友：你幹嘛一直問數字啊？我賺得少的話你就不愛我了嗎？

男友只關心和女友有關的「事實」，並針對該部分進行提問。因此，原本只是想分享好消息的女友，突然覺得心情很差。至於該怎麼做，才能以更好的提問來取代，而不是一路追問到底呢？

不惹怒他人的提問

當聽到一連串與個人「事實」有關的提問，心情就容易變得不悅，因為就算缺乏那些外在條件，我的存在依然不受影響。此外，那些外在條件，都是由「我」所創造，每個人都希望是「我」受到關心，而不是我創造出來的「外在條件」受到關注。女友提議去吃美味的料理，藉此表達出內心的喜悅。除了薪水之外，她還拿到業績分紅，不僅「自尊感」上升，也享受著在公司受到肯定的「滿足」與「成就感」。因此，對話時應該配合女友的狀態，把焦點放在「人」身上。

女友：哇，今天收到薪水了！

男友：是嗎？收到多少？（如果以封閉式問題作為起始，接下來就換成開放式問題）

女友：比上個月多！還包含了業績分紅。我們去吃好吃的吧！

男友：還有業績分紅？哇，恭喜妳！真棒！應該能感受到努力工作的價值吧。
女友：嗯，收到二〇〇％！不只有我，公司每個人都有，這個月整體的業績上升不少。
男友：大家都很高興吧？明天去上班，公司的氣氛應該會很融洽。
女友：對啊！這陣子大家都狂加班。想吃什麼呢？你最愛的大閘蟹？多吃一點，我請客！

在提問後，也傳達出真心

對方心情好的話，即使不逐一拋出提問，對話也能一直延續下去。**人只有在心情愉悅時，才會想繼續聊天，尤其是願意針對我的情緒給予共鳴的對象**。

父母通常屬於打破砂鍋問到底的類型。作為父母，免不了對年幼的子女再三叮嚀：「明天要上學，書包準備好了嗎？」、「該帶的東西都放進去了嗎？」、「考試範圍複習完了嗎？」、「刷牙了沒？」、「自己準備上床睡覺才是乖孩子，知道嗎？」……等。不過，若不想給孩子咄咄逼人的感覺，可以在提問之後補上父母的真心話。

「做好上學的準備了嗎？媽媽覺得你已經長大了，能夠把自己的分內之事做好，真的很棒！」

「考試範圍複習完了嗎？只要全力以赴，無論結果如何，都不會感到後悔。爸爸希望你不管面對什麼事，都能做出不讓自己後悔的選擇。」

「刷牙了沒？在媽媽眼裡，你的每顆牙齒、每根頭髮都很珍貴，所以希望你能懂得愛惜自己。」

如果能把自己的真心傳達出去，原本疏遠的關係，或許就能再次變得深厚。

Key Point

避免追根究柢的提問法

❶ 焦點：提問時，應該聚焦在「人」身上，而不是與對方有關的「事實」。

❷ 感受：關心對方因「事實」而產生的「心情」。

❸ 坦率：感到好奇的部分就發問。

❹ 真心：為了不讓對方誤會，必須將自己的真心表達出來。

Action

與熱愛寫作的朋友對話時

❶ 焦點：「寫作時，哪一點讓你感到快樂呢？」

❷ 感受：「作品完成後，你的心情如何？」

❸ 坦率：「如果不是暢銷書，透過寫作賺取的版稅通常不多吧？」

❹ 真心：「能夠長期專注在寫作上真的很了不起，我對作家們感到尊敬，也很好奇創作者的想法。」

06 對心愛之人的提問

偶然相識的一對男女，透過對話互相探索。

男性：妳喜歡什麼類型的人呢？

女性：我喜歡愛笑的人，就算碰到生氣的事，也能夠一笑置之。你呢？

男性：我也喜歡開朗的人。希望對方有自己想做的事，然後與父母住得愈近愈好。

女性：必須與父母住得近？為什麼呢？

男性：這樣婚後回鄉就不用開很久的車，可以經常與父母見面。

女性：哇，你是以結婚為前提交往呢。

男性：對啊，已經到了適婚年齡。

女性：適婚年齡有一定的標準嗎？結婚的念頭，不是在戀愛過程中自然而然產生的嗎？

這兩個人，有沒有可能發展成情侶呢？

在愛情當中，條件毫無意義

人與人之間的關係很難說，我們無法斷定兩人能不能成為情侶。不過，有一點很肯定，那就是兩人已脫離對話的初期目標，逐漸意識到彼此的想法不同。在談論自己的理想條件時，他們也在悄悄地互相試探，評估對方的個性與自己合不合、是否對我有好感，以及是否認同我提出的觀點。不過，想達到目的的話，直接表露心意會不會更好呢？亦即，直白地告訴對方「我對你有好感」、「希望進一步認識你」。

而且，這對男女的對話存有盲點。「喜歡什麼類型的人」，只是在進行「條件篩選」而已，假如原定的條件消失，以後會變成怎樣呢？此外，若對方原本與父母住得很近，但某天父母突然移居海外，或者搬到鄉下去的話怎麼辦？假如剛開始相識時，覺得對方有很明確的目標，但隨著時間流逝，發現他根本不清楚自己喜歡或擅長什麼，只是跟著其他人的腳步前進。然後某天，對方突然想尋找自我認同，把工作辭掉了又該怎麼辦？

其實，在我們周圍有很多這樣的人。人生在世，無論是性格、外貌、健康、想法或情感，這些條件時時刻刻都在改變。有些人慶幸自己找到了理想型，但是交往後卻又感到失望，其中的關鍵，就在於發現對方逐漸偏離最初的期待。這真的是對方的錯嗎？難道不是自己製造出的假象？建議你，別把自己的條件強加在喜歡的人身上，應該把腦海中預設的理想型刪除。

此外，如果一開始就急於提出條件，很可能會讓對方產生誤會，因為彼此的語言不在同一頻率上。女性說的「就算碰到生氣的事，也能夠一笑置之」，和男性指的「開朗的人」，真的是同一類型嗎？

女性希望對方不容易發火，即使遇到令人生氣的情境，也能用幽默來化解；反之，男性希望對方隨時保持明亮的笑容，與每個人都能相處融洽。如果有人居中協調，兩人或許有達成共識的機會；若不然，一般人通常無法立刻理解彼此話中的含義，一味地列出自己的擇偶條件，還可能被貼上「挑三揀四」的標籤。

「哪一點讓你難以忍受？」

艾倫．狄波頓（Alain de Botton）在《愛的進化論》（*The Course of Love*）中，描繪了一對從戀愛到結婚生子的情侶，藉此探索愛情的真諦。其中最令人印象深刻的一段，是周圍有許多夫妻離婚，但我們為何從沒關心過他們離婚的原因？我們會對愛情的初始感到好奇，詢問「兩人怎麼認識」的，但卻從來不曾進一步了解他們婚後的生活？愛情的終點不是「結婚」，而是「情感的維繫」。

那麼，我們是否應該知道維持愛情的力量是什麼呢？如果你希望和某個對象長久相愛，是不是要對夫妻分手的原因有所研究？不是去計較對方哪一點好、哪一點不好，而是要找出阻擋愛情延續的癥結。當對方做出我們無法原諒、難以忍受的行為時，通常我們會下定決心分手。

因此，提問必須換個方向，不是問對方「你喜歡什麼」，而是「哪一點讓你難以忍受」。假如對方討厭說謊的人，那麼可以進一步詢問為什麼討厭謊言、哪種程度算是說謊、從什麼時候開始討厭說謊的人、聽到謊言會產生什麼樣的情緒……等。這樣的提問，相當於告訴對方我試圖理解你的悲傷與痛苦，以後絕不會做出類似的行為，因為我想長久地陪在你身邊。

了解戀人的創傷與痛苦

在《愛的進化論》裡，有一次丈夫到外地出差四天三夜。兩人分開之後，丈夫非常想念妻子，於是在工作結束後打電話給她。然而，妻子的聲音顯得相當冷漠，在掛斷電話之前，他對妻子表示「我想妳，希望儘快回到妳身邊」，對方也只是用冰冷的態度回應。丈夫因為妻子不明白自己的心意而感到難過，但是，他從來沒有問過妻子為何如此冷淡。若在這種地方糾結，似乎只會爆發爭執，他不希望連出差的期間都與妻子吵架。

但妻子為什麼會這樣呢？七歲時的她，被父親拋棄了。她以為爸爸只是出門一陣子，可是爸爸卻再也沒有回家。這樣的經歷，讓妻子留下了心理創傷，害怕身邊的人再度離開。她沒想到過去因父親受到的傷害，竟然一直延續到現在，只要丈夫一出差，內心就會不由自主地感到悲傷和難受。不過，丈夫出差回來後，她也未曾表露出自己的情緒，因為她覺得這種試圖獲得安慰的行為，看起來就像個不成熟的大人。因此，她寧願自己偷偷流淚，也沒有對丈夫透露隻言片語。

但是，如果不主動說明情緒的起因，對方又怎麼可能猜得到呢？即使相愛多年，經常碰面吃飯、聊天，甚至是一起生活，依然無法百分百了解對方。戀愛時，我們通常是被對方巨大的優點所吸引，殊不知，這些優點很可能與自身的創傷或痛苦有關。

假設有位三十多歲的男性，除了工作之外，沒有其他的興趣。某位女性從他的身上感受到了魅力，因為自己的父親為了談生意，每天都會應酬到三更半夜。看著母親經常獨守空閨，她從很久以前就下定決心，絕對不會與企業家交往。在其他人眼裡，生活單調的男性或許有些無趣，但對這位女性來說，卻足以成為致命的吸引力。

不過，即使男方有穩定的職場，從來不曾想過創業，未來也有可能突然迷上「滑雪」，積極發展自己的興趣，頻繁地前往江原道大關嶺、日本札幌、加拿大惠斯勒等地。如此一來，這名女性就會和母親一樣，感受到寂寞與孤獨，為自己的選擇後悔。因此，事前必須與另一半說清楚，例如「我不是討厭『創業』，而是不喜歡獨自被留下的『孤單感』」。把積壓在心底的創傷吐出來，明確地告訴對方，自己對哪些事懷有強烈的傷痛。唯有這麼做，才能真正解開內心的糾結。

我們需要懂得探究戀人的悲傷與苦痛，這是最能深切表達愛意的方法。我們都希望自己的戀人，可以在疲憊時給予擁抱，在生病時給予關懷，在跌倒時伸出援手，在難過時成為力量。因此，試著聽聽看對方創傷的緣由，並且讓他知道自己能夠提供什麼樣的安慰吧。如果遇到心儀之人，想與對方共度一生，就放下自己對條件的堅持，用「心」與對方交流吧。

Key Point

詢問對方因何感到難受

❶ 告白：別隱藏真心，誠實地向對方表白。

❷ 傷痛：探究對方感到難受的原因。

❸ 理由：明確宣告自己不想讓對方難過。

❹ 勇氣：拿出足以承擔悲傷的勇氣。

Action

與心愛之人對話時

❶ 告白：「我想更了解你一點。」

❷ 傷痛：「你什麼時候會覺得難受呢？最近有哭過嗎？」

❸ 理由：「我不想讓你傷心，所以想知道其中的隱情。」

❹ 勇氣：「你難過時，我想陪在你身邊。就算只有一點點，我也希望成為你的安慰。」

07 找出問題背後的真實用意

有位教師在接到家長棘手的提問時，不知該如何應對。他不想逐一回答有關個人資訊的提問，但如果默不作聲，氣氛就會變得尷尬，讓人手足無措。

家長：老師您今年幾歲呢？

老師：啊，三十二歲。

家長：結婚了嗎？

老師：嗯。

家長：老公是做什麼的呢？

老師：就是一般的公司職員。

家長：在什麼公司呢？

用反問來應對提問

一般在收到問題時，我們都會下意識地想回答，之所以會因提問的人而感到受傷，也是基於同樣的心理。什麼意思呢？其實只要不立刻作答，就不會陷入尷尬的境地，也不會覺得心情不好。碰到這種情況，可以先別急著回答問題，然後反過來向對方提問。如此一來，就能知道對方真正好奇的部分，確認對方「為什麼要問這個」。

家長：老師您今年幾歲呢？

老師：嗯？怎麼會好奇我的年齡呢？

家長：老師您看起來比想像中年輕，我的女兒很調皮，怕給您造成困擾，所以才問一下。

比起老師，家長們其實更在乎自己的孩子，說不定根本沒有把老師放在眼裡。他們之所以詢問老師的年齡，只是好奇對方能不能擔起責任，好好教育自己的孩子。因為自己幼時是在五十～六十歲左右的老師指導下長大，所以對年輕教師的信賴感相對較低。此外，如果孩子屬於調皮搗蛋的類型，家長更會希望老師能夠以身作則。由此可見，家長並非單純好奇老師的年紀，只是想判斷對方能否正確引導孩子。既然家長真正糾結的不是年齡數字，那麼老師也就沒必要感到不悅。

只要確實分辨對方提問的意圖，就可以配合問題作答。面對這位家長，老師回答時應把焦點放在足以讓人信賴的經歷上，而不是自己的實際年齡。

「爸爸、媽媽別擔心，雖然我的外表看起來年輕，但在教育方面累積了紮實的經驗。之前我曾在男子中學擔任六年的班導，我帶的學生都踏踏實實地上學，而且對學習愈來愈感興趣。看著孩子成長的模樣，我也很有成就感。這次我一樣很有信心，請你們放心。」

「對哪個部分感到好奇呢？」

媳婦每次和婆婆見面，婆婆就會詢問兒子什麼時候調到美國分公司。丈夫本來就為此備感壓力，難得與家人相聚的假日，還要聽到這樣的追問。站在妻子的立場，她既覺得丈夫很可憐，而婆婆則一點也不近人情。

婆婆：這次會被派去美國分公司嗎？
兒子：（嚇了一跳）結果還沒公布。
婆婆：一定要順利才行啊，結果什麼時候出來？
兒子：（灰心喪志）應該馬上就會公布了。
婆婆：去年申請失敗，今年應該會成功吧？
媳婦：（把婆婆帶到廚房）媽，他已經壓力很大了，等結果出來之後會通知您。在公布之前，可以別再追問了嗎？請體諒一下兒子的感受。

媳婦開口之後，婆婆就再也沒問過調派美國的事，甚至也不怎麼參與對話。因為怕惹兒子和媳婦不開心，所以乾脆保持沉默。

「對哪個部分感到好奇呢？」不妨用反問的方式，找出對方提問的用意吧。如此一來，對話就會變得輕鬆，也能察覺對方真正的心意。在這個世界上，不擅長對話的人很多，婆婆也不例外。上次見面後，就再也沒聽到兒子和媳婦的近況，所以婆婆可能只是接續當時談到的「調派美國分公司」這話題。又或者婆婆其實想親切地詢問：「最近如何？過得好嗎？」但過去沒有說過類似的話，所以用錯了表達方式。

面對「這次會被派去美國分公司嗎？」的提問，可以不必立即答覆，而是回問「對哪個部分感到好奇？」，如此一來，就能聽到婆婆真正的心裡話。

「調去美國的話，就不能經常見面了，我需要先做好心理準備才這麼問。」

「調去美國是你們的願望，我抱著祝福的心，這三個月來每天早上都在祈禱。不曉得我的祈禱是否靈驗，所以才問問看結果出來了沒。」

「其實我希望你們不要去美國，韓國多安全啊！但如果你們想去，我也沒辦法阻攔。不管是美國還是其他地方，我只希望你們過得平安又幸福。」

婆婆的心意只有她自己最清楚，其中或許蘊含著對兒子及媳婦的關愛與擔憂。她在這種心境下提出問題，但我們往往只按照字面上回答，這就是溝通不順、對話違背初衷的原因。若想將關係導往好的方向，就必須找到對方藏在提問背後的真實用意。

也許對方的提問不是有意冒犯

李瑟娥在《끝내주는 인생》（書名暫譯：美好的人生）一書中，提到了她在演講結束後和一位老奶奶的對話。

「有些問題，我真的很想聽聽看您的回答。作家您會結婚嗎？想生孩子嗎？渴望成為一名母親嗎？我對這些感到好奇。」

最近的社會氛圍已經很少會提出此類問題，所以現場的觀眾都笑了出來。李瑟娥作家調皮地反問老奶奶：

「我該怎麼做比較好呢？」

「我希望作家您一定要結婚，生下自己的孩子。如此一來，生活應該會產生很大的變化吧？又會發生多少故事呢？我想一直聽到您蛻變和成長的故事。」老奶奶如此回答。

作家瞬間紅了眼眶，感激有人願意繼續聽自己分享人生的故事。

有些問題被認為既無禮又冒犯，例如有沒有交往對象、是否已婚、有沒有孩子、在哪間公司上班、從哪間學校畢業……等。這些問題，被看作是舊時代的產物，若出現類似的發言，就容易受到人們嘲諷，被認定在時代的潮流中落伍，而公司也會指責當事人不該提出這種問題。

對類似提問會覺得反感，是因為有些人打聽到個資後，就會戴上有色眼鏡，惡意曲解對方的行為。例如調侃準時下班的同事：「又急著要去約會」、嘲弄已婚的同事：「為了照顧家人，把公司拋在腦後，業績直直落」、或者故意挖苦能力出色的後輩：「不是從你們學校畢業，就不把我當前輩看了呢」。由於經常出現這種不理智的人，所以社會愈來愈強調個人隱私，不問私事已經成為一種禮儀。

避諱特定的問題，反而會阻礙關係的親近。如同情感本身無所謂對錯，提問本身也沒有對錯之分。假如我們總是被某些問題激怒，有可能是自己對某方面特別在意。亦即，對方的提問恰巧命中我在意的煩惱，所以我才會受到刺激，指責對方無禮。

仔細想想，透露個人資訊，真的會讓我們變得不幸嗎？如果我們能理解彼此的處境，互相關懷和體諒，不就能離幸福愈來愈近嗎？我相信，若人與人之間能自在談論各種話題，不管提出任何疑問，意圖都不會被扭曲，這樣的關係才真正令人感到幸福。讓我們一起找出藏在提問背後的真心吧。

Key Point

找出提問背後的真實用意

❶ 詢問：別馬上回答問題，試著反問對方。

❷ 真心：探究對方提問的用意。

❸ 意圖：詢問對方對哪個部分感到好奇。

❹ 判斷：不把對方的提問視為冒犯。

Action

用反問來應對棘手的提問

❶ 詢問：「你想知道什麼呢？」

❷ 真心：「你是對哪個部分感到好奇才這麼問？」

❸ 微笑：反問時臉上帶著微笑。

❹ 判斷：別立刻斷定對方的意圖。

第2章

認真傾聽，關係自然順暢

別認定自己是無法傾聽他人說話的人，若和自己排斥的對象交談，任誰都會感到厭倦。因此，我們抗拒的其實是談話的「對象」，而不是「對話」本身。

08 真正的傾聽意味著什麼？

登山是我的興趣。不擅於傾聽的人，通常會以下列的方式和我對話。

甲：妳的興趣是什麼呢？

我：登山。

甲：登山？我也喜歡爬山，妳最常去哪座山呢？

我：我比較常去北漢山或漢拏山。

甲：哇，漢拏山難度很高耶。我五年前也和同事們一起去了白鹿潭，是城板岳嗎？我們從那條路線上去。剛開始感覺還不錯，路面平坦，附近還有很多沒見過的植物，叫什麼名字來著？但是，後來不管怎麼走，好像都看不到盡頭……（絮絮叨叨）。

明明是自己主動提問，卻又自顧自地分享個人經驗。為了進一步了解對方，詢問了興趣或愛好，但聽到對方的回答後，突然想起自己過去的經驗，開始絮絮叨叨地講個不停。「興趣是登山」從這項簡單的敘述裡，可以了解到什麼呢？憑什麼認為自己已掌握了對方的資訊，一個勁兒地分享以前的趣事？知道對方為什麼喜歡登山、從什麼時候培養出興趣、登山時有什麼樣的感受、喜歡沿著溪谷前行，還是沿著稜線登高、爬山時抱著怎樣的心情嗎？

類似的對話模式，是不懂傾聽的人經常出現的行為。他們只顧著表達自我，不會停下來聽對方說話。在我們生活周遭，有很多人不曉得如何正確地傾聽，像是一味地提出個人意見、忙著講述個人經驗、無法分享私密心事、交談時總是盯著手機、表面上假裝認真、覺得厭倦然後打斷對方……等。為什麼傾聽對我們來說如此困難呢？

只用個人視角看世界

在地鐵裡，兩個孩子調皮地到處亂跑、嬉鬧，而孩子們的父親正在看報紙。某位女性乘客終於忍不住，出聲指責了那名父親。

「您打算放任他們變成沒教養的孩子嗎？在公共場所嬉鬧，父親應該勸阻才對。您只顧著看報紙，完全不管其他乘客有沒有受影響。」

「抱歉，今天是妻子葬禮的最後一天，我們剛剛才完成出殯，情緒尚未恢復，真的很不好意思。孩子們，過來坐好！」

這是電台報導的真實故事。假如我當時也在現場，會做出什麼反應呢？大概也和其他乘客一樣，因為孩子們的喧鬧而感到不自在。完全沒想過對方有隱情，也不曾試著去理解，就懷著不滿的情緒擺臉色給對方看。如此說來，類似的情況在我們的生活裡層出不窮，像是在地鐵車廂內大聲講話、打瞌睡時不小心靠到別人的肩膀、匆匆忙忙跑下車，撞到其他乘客……等。然而，或許每個人都有自己的苦衷。

我們習慣以個人經驗看待世界，對話時亦然。一聽完對方的故事，就用自己的經驗進行判斷，有時提出建議，有時給予批評。換言之，對話的焦點在「我」而不是「對方」，我們完全沒顧慮到對方當下的感受，也不管他究竟需要什麼，就基於個人經驗發表意見。把自己生活的世界看作真理，隨意地預測情況，將解決方案塞給對方；或者只從個人觀點出發，認定對方的抱怨過於瑣碎，老是要求他看開一點。

傾聽應僅止於共鳴

馬歇爾・盧森堡（Marshall B. Rosenberg）曾在《非暴力溝通》（*Nonviolent Communication*）中提到：

「共感是指帶著尊重的態度，去理解他人所經歷的一切。在人際關係中，唯有擺脫個人的偏見與判斷，才有可能對他人產生共感。對話時，我們經常傾向於安撫對方、提供建議，或者解釋自己的想法與觀點，而不是以同理心去為對方設想。然而，所謂『共感』，講求的是立即回應的能力與單純的陪伴，必須將注意力集中在對方的話語上，給予足夠的時間與空間，讓他們充分表達自我，感受到自己被理解。（略）共感的關鍵，就在於我們的存在——全心全意地陪伴，對當事人經歷的痛苦感同身受。」

傾聽意味著僅止於共鳴，不以個人的視角看世界，或者一邊聽對方的故事，一邊回想自己的經驗，重新組成、分析或評價情況。既不隨意給予安慰，也不糾結要以何種態度做出反應，只是單純地陪在對方身邊。總結來說，傾聽就是用陪伴本身來引發共鳴。

需要傾聽的時刻

在金浩然的著作《不便利的便利店》（불편한 편의점）中，曾有一段店長吳女士與店員的對話。吳女士看到兒子放棄大企業的工作，每天關在房間裡打遊戲，內心覺得很難受。雖然兒子立志要成為電影導演，但她對於這樣的目標不以為然。店員反問吳女士，在兒子決定辭職時，她是否問過對方理由。吳女士回答：

「我有問他，但我怕他真的辭職，所以就逼了他一下。問他為什麼想辭職，他也都是含糊帶過，所以我就要他想辦法撐下去。」

吳女士沒有問過兒子為什麼打算辭職、為什麼想成為電影導演，或者在公司發生了什麼事。身為母親，兒子在大企業上班已讓她心滿意足，她只希望兒子能安穩地待在同一間公司。對方到底抱著怎樣的心情、有什麼樣的想法，她從來不曾進一步傾聽。對此，店員提出了建議：

「寫封信告訴兒子，這段時間妳一直沒能好好聽他說話，但現在的妳，願意豎耳傾聽。」

聽完店員的建議，吳女士寫了封信給兒子，兩人展開一場深度對談。

無論是家人、情侶或朋友，關係愈是親密，就愈需要互相傾聽。在親密的關係裡，我們經常自以為了解對方，以致於缺少仔細的詢問和傾聽。人在付諸行動之前，一定都有明確的動機。或許在母親眼裡，兒子看起來就像是「衝動辭職」，但背後真正的原因，只有兒子本人知曉。假如真心關愛對方，就試著站在當事人的立場，努力揣摩其中的心境吧。在表象的背後，肯定有難以對他人啟齒的理由和苦衷。

若覺得對話只會引起衝突，不妨改變一下自己的說話方式。別再逼問對方「到底為什麼」，應該試著這樣表達：

「一直以來，我都用自己的方式去思考和判斷你的行為，你一定也有自己的苦衷，但我卻不曾表示關心。對不起，我只是害怕聽到無法承受的真相，內心感到恐懼和不安，所以才總是迴避。現在，不管遇到什麼事，我都想和你一起面對，因為我是真心愛你。可以告訴我背後的原因嗎？」

主動向對方伸出手吧！躲進漆黑洞穴般的配偶，害怕起衝突而獨自吃飯；始終保持沉默的家人，擔心吵架而用簡訊溝通的夫妻；一講話就發脾氣的孩子；或是假裝沒收到邀約、笑容逐漸消失的朋友……等。如果你還將他們視為親密對象，就不要視若無睹，以共鳴來陪伴對方吧。充分表達自己的心意，然後仔細給予傾聽，直到他們感覺自己被理解為止。

Key Point
感同身受的聆聽技巧

❶ 傾聽：用陪伴來給予傾聽。

❷ 淨空：跳脫「自我」的觀點，把注意力完全放在「對方」身上。

❸ 勇氣：提起勇氣，敲開對方的心門。

❹ 陪伴：單純地陪在對方身邊。

Action
和容易起衝突的對象溝通時

❶ 傾聽：下定決心聽取對方的想法。

❷ 淨空：跳脫主觀的看法，全心全意傾聽。

❸ 勇氣：在關係疏遠之前，主動向對方靠近。

❹ 陪伴：以同理心來陪伴對方。

09 你的故事最珍貴

有些人覺得自己善於傾聽，對朋友的煩惱，除了應聲附和之外，也能用同理心給予共鳴。

甲：昨天公司的前輩真的讓我很焦躁。

乙：怎麼了？發生什麼事？

甲：他一直在辦公室裡大聲講電話，整整講了一個小時！

乙：天啊！真的假的？整整一小時？

甲：對啊，一直對他使眼色，他還假裝沒看見，真的很莫名。

乙：唉，真的讓人很無言，太沒禮貌了！

乍看之下，乙似乎善於聆聽朋友的煩惱，但跟著附和或抱怨，真的就是傾聽嗎？若仔細探詢，其實能發現朋友焦躁的「真正原因」：或許是因為工作不順，所以覺得大聲講電話的前輩特別礙眼；或許是組長放任前輩破壞辦公室的氛圍，讓他備感失望；也可能是最近剛好遇到不順心的事，所以情緒變得格外敏感。附和或反應，只是傾聽的一部分而已，真正善於傾聽的人，要能適時地提出問題。

有些人自認為「善於傾聽」，是因為他們不太分享自己的故事，於是自動擔任聆聽的角色。這類型的人，平常很少談論自己，也不曉得該從何說起，找不到適當的切入點，所以乾脆用三言兩語帶過。他們不懂得用語言表達情緒，而且選擇詞彙的時間很長，在等待的空檔，熱愛分享個人經驗、說話速度快的人，就會搶在前頭發言。

好奇是傾聽的原動力

幼年時期的我非常文靜，不太喜歡說話，有時還會滾到沙發底下，躺在那窄小的空間裡好幾個小時。如今的我，依然喜歡長時間待在同一個地方，個性穩重且冷靜。然而，父母的性格和我完全相反，他們喜歡和人聊天、說話的速度快，情感表現也相當豐富。父母的口語表達能力出色，所以在成長的過程裡，我一直都偏向善於傾聽的類型。在用語言表達自己的想法和情緒之前，我習慣先聽父母說話。幸好，他們的分享大部分都很有趣。

爸爸經常生動地講述歷史事件和地理故事，令人聽得津津有味；媽媽則會栩栩如生地描繪自己兒時的朋友、夢想，還有兄弟姊妹、親戚和鄰居的故事，彷彿那些事昨天才剛剛發生。對我而言，這些故事就像發生在另一個世界，我一邊聽、一邊在腦海裡拼湊出畫面，若哪個地方缺了一塊，我就會立刻向父母提問。拼湊完成的畫，逐漸成為我生命的一部分，隨著故事累積得愈來愈多，我的世界也擴展得愈來愈大。

世界變大的感覺——這就是我喜歡聽故事的原因。愈是仔細聆聽，理解的速度就愈快；聽的故事愈多，我的世界就愈加繽紛和遼闊。在聆聽的過程裡，如果對哪個部分感到好奇，提問後就能立即獲得解答，這點亦讓我十分著迷。此外，根據提問的不同，故事的流向也會產生變化。我想要了解未知的世界、了解親愛的父母，而這股好奇心化成為動力，促使我聚精會神地傾聽。就這樣，我逐漸成為一名優秀的傾聽者。

假如傾聽對你來說很困難

傾聽不僅能擴大自己的世界，還能讓更多人與我站在同一陣線。假如覺得傾聽很痛苦，不妨當作是為自己努力。亦即，傾聽是為了多了解自己喜歡的對象、累積和擴充知識，並且進一步體察世間百態。傾聽之所以讓人覺得吃力，是因為我們打從心底認為傾聽是為了對方。換句話說，在對方渴望吐露心事的情況下，我們假裝聆聽及附和，但腦海裡卻想著其他事，並未集中注意力。這種假意的傾聽，相當於一種勞動；缺少靈魂的對話，只會讓人感到疲憊。

別認定自己無法傾聽他人說話，也別認為與人見面是件消耗精力的事。過去的你，只是因為假意聆聽才覺得心力交瘁。和自己排斥的對象交談，任誰都會感到厭倦。但是，**我們抗拒的其實是談話的「對象」，而不是「對話」本身**。如果你曾經和相愛的戀人徹夜聊天，或者和親密的朋友聊到欲罷不能，那麼就屬於喜歡對話、善於傾聽的類型。

傾聽重要的對象說話時

與所愛之人交談時，只要專注於對話本身，自然就能發揮出傾聽的能力。所謂對我有益之人，是相處時感到愉快，分開時只要想起對方，就擁有繼續往前的動力。此外，碰到煩惱時，對方願意出借自己的肩膀；遭遇困難時，更樂於提供溫暖的安慰。亦即，對方不只珍惜我這個人，也珍視我的情緒和感受。

然而，面對如此珍貴的對象，我們有時也很難靜下心來傾聽。例如在工作上碰到重要的關卡，情緒變得格外敏感，或者有些事解決不了、令人備感苦惱時。在這種情況下，如果假意聆聽，對方很快就會察覺，質問你為何漫不經心，有什麼事比自己還重要，甚至進一步爆發爭吵。類似的問題，起因都在於「你並非真心為我著想」。

遇到這種情境，不妨詢問對方當下要聊的話題是否緊急，如若不然，可以直白地表示：

「公司有項重要的業務，今天晚上必須完成，能否一個小時後再聊呢？我也很想聽你說，但可能要稍等一下。」

假如自己的煩惱更迫切，就試著向對方坦白：

「有件重要的事我一個人苦思了好幾天，想和你討論看看，希望你有時間聽我說。」

若對方把你視為重要的對象，必定會全心全意地傾聽。相反地，如果對方的煩惱比你還要急迫，就放下手邊所有的工作，專心聽對方說話吧。我珍視的對象現在正需要我，相比之下，工作又有什麼大不了呢？倘若連最基本的關懷都做不到，就應該重新審視自己和對方的關係。

在身體不適時，也很難傾聽他人說話。這時，我們可以明確告訴對方：

「我很想聽你說話，但我目前身體狀況不佳。對不起，我們明天再聊，好嗎？」

另外，注意力不集中的人，即使想好好聽對方說話，也時常會被其他事物吸引，像是有人從旁經過，或者手機突然跳出通知……等。這時，對方很可能會以為自己的言論無趣，然後就把原本想說的話吞回去。假如你也屬於這種類型，試著把手機設為勿擾模式，暫時關閉所有訊息通知吧。接著，可以把椅背豎直，兩人面對面坐下，上半身微微向對方傾斜。唯有如此，才能互相直視對方的眼睛，專心展開對話。

Key Point

善於傾聽的好處

❶ 趣味：讓自己成為有趣的聊天對象。

❷ 需求：讓對方感受到我的重要性。

❸ 關係：大部分的人際關係都會獲得改善。

❹ 變化：原本話不多的對象，也會滔滔不絕地表達心聲。

Action

除去傾聽時的阻礙

❶ 專注：交談時不要看手機。

❷ 通知：若預期會有重要來電，應事先告知對方。

❸ 視線：對話期間不要分心去瞄附近的路人。

❹ 訓練：一個人念書或工作時，訓練自己集中注意力。

10

站在對方的立場上傾聽

遇到公司很久沒見的前輩，他試圖說服我人生應該結婚生子才算幸福。

前輩：最近過得如何？

我：很有趣。不管是講課或其他工作，都讓我樂在其中。

前輩：聽說有了孩子之後，幸福完全是不同的等級。

從那天之後，我就不再與前輩見面，因為他否定了我的幸福。即使更換對話主題，前輩也只是不斷重複一樣的話，在美好的假日進行這種無謂的拉扯，我只覺得非常可惜。和不懂得尊重生活多樣性的人對話，根本就毫無意義，但遺憾的是，我們周圍有很多這樣的人存在。

傾聽時，應該將自己與對方做區隔

關於結婚和生子的建議，總是莫名其妙地襲來。我從未宣稱自己是不婚主義，也沒說過絕對不生孩子，我只是每分每秒都盡力而為，認真過每一天，享受當下的幸福。我仍然期待愛情，也已經準備好談一場刻骨銘心的戀愛，但對現在的我來說，還不到討論結婚生子的階段。就算我下定決心一輩子保持單身，這個想法也一樣不會改變。

有些人誤以為傾聽就必須伴隨著建議，或者自認為是人生前輩、與對方親近，基於關懷才提出忠告。然而，所謂「忠告」，必須完全站在對方的立場設想，且只有在對方願意聽取時才適合提出。對方明明不需要建議，但說話者卻硬把自己的想法塞給對方，這種情況，可能是說話者不夠有耐心，只急著想把自己想講的話說完吧？不妨等對方徵求意見時，再提出個人觀點吧。倘若不了解事情原委，就貿然提出建議，只會被視為嘮叨、干預或指責，反而破壞了彼此的關係。

我經常感到疑惑：為什麼人們不把自己和他人區隔開來呢？為什麼不詢問或聽取對方的想法？交談時，如果把自己和對方徹底隔開，就可以讓對話進行得更順利。**自己的故事，就在自己的立場畫下句點；對方的故事，就站在對方的角度傾聽**。舉例如下：

「我直到婚前都和父母住在一起，所以很好奇獨自生活是什麼感覺。你呢？」

「有小孩雖然很幸福，但教養真的很難。你呢？對結婚有什麼看法？」

儘可能站在對方的立場傾聽

申亨哲（신형철）評論家曾在某次演說中提到：

「評論家必須具備相應的資格，才能讓自己的評論發揮力量，而解讀就是評論的資格。以忠告為例，所謂相應的資格，指的是對方投入多少努力來了解我，與我共度了多長的時間。關心和愛護需要用時間來證明，而不是用言語來解釋。時間是不可或缺的付出，而付出時間，就相當於奉獻出自己生命的一部分。換句話說，唯有在傾注一定程度心血與努力後，才有資格對他人提議，否則的話，任何忠告都等同於冒犯。此外，即使具備了資格，也不能在對方抗拒的情況下給予建議。」

只有在投入大量時間，仔細觀察並予以理解，才有資格對他人提出建議，而且前提是必須獲得對方同意。

若對方沒有徵求意見，就是擅自對他人的生活發表見解。例如「若時光倒流，我一定不會結婚」，這句話的主詞雖然是「我」，但實際上隱射的對象是「你」；「別生孩子」這句話，意思是「假如我是你，肯定不會生小孩」；而「單身時就該多認識不同的對象」，背後的意思為「若我是你的話，現在肯定想去約會」。上述這些言論，都不是站在對方的角度思考，而是停留在自己的立場。換言之，「如果我是你」這句話，與「考慮到你的情況」完全是不同的含義。

試著盡最大的努力，站在對方的立場上傾聽吧。對話時，別將自己和對方連在一起，應儘可能地分割開來。假如前輩和我的對話如下，當時的我應該會很開心。

「最近孩子們真的讓我感到很幸福，妳的幸福是什麼呢？」

「我一想到新書即將出版就很興奮，也感到非常幸福。」
「看到妳過得幸福，我也打從心底覺得高興。」
「我也是。您覺得孩子的哪一個部分讓你感到特別幸福呢？」
這樣的對話，才是我內心真正的期盼。

提供建議時，如何才能不陷入尷尬

甲：你之前說什麼時候要出發去南美？
乙：一週後。
甲：預計待多久呢？
乙：大概十天左右。我計畫去巴西、玻利維亞、智利逛一圈。
甲：去南美的話，一定要小心隨身物品，最好把包包背在胸前。
乙：是因為扒手嗎？
甲：對啊，我前年去當地旅遊十天，同行的人差點被扒手得逞，一定要小心。
乙：好，我會多注意。我以前在巴西生活了三年左右，雖然大家都說很危險，但我覺得畢竟都是人們生活的地方，無論哪裡都差不多。
甲：啊，那你應該比我更懂。

聽著他們的對話，我也不禁感到面紅耳赤。一個只在南美待過十天的人，竟對一個在當地生活過三年的人提出建議。甲比乙年長，因為語言進修、旅行和出差而經常往返國外，所以有些話想特別叮嚀乙。但是，乙曾經在國外生活多年，還是位旅遊專家，足跡遍布全球五十一個國家，甚至還包含偏僻的地區。若甲在提出建議之前，先問問看乙的經歷，情況會如何呢？

「你是第一次去南美嗎？」

「我曾在巴西住過三年。」

如此一來，就會發現根本不用給對方建議，也不會讓氣氛變得尷尬。

負面的建議為何十分危險

含有負面情緒的建議其實相當危險，例如「小心扒手」這句話，只會讓即將前往當地旅遊的人感到不安與焦慮。這種話真的是建議嗎？實際上更像恐嚇。再次強調，真正的建議，必須在對方有需求時才提出。假如對方需要與安全相關的建議，分享如何調整背包位置以防扒手，或者遭遇緊急情況時，該如何報警、聯絡大使館，並於出發當天再次提醒，才是最恰當的做法。合理的建議，應包含具體的解決方案。

然而，我的意思不是不能分享負面經驗，講述個人經歷和向對方提出無謂的建議，完全是兩碼子事。如果把自己及對方區隔開來談，自然不會產生影響。

「我抵達南美的第一天時，東西差點被扒手偷走，留下了驚恐的回憶。你對這個會擔心嗎？」

這樣的表達方式，就不會產生太大的影響，因為話語裡沒有「我差點被偷，你也可能遭遇相同情況」的不合理假設。

類似的負面建議，常見於父母對子女、上司對下屬、前輩對後輩、年長者對年幼者的對話。

「很多人一離開公司就後悔了，你提離職前還是再仔細想一想吧。」

「那樣做不會太冒險嗎？」

「有些人還因此丟了性命。」

注意這種缺乏根據的言論，需要謹慎以對，如果聽到類似的建議，也應該要能理智地分辨。因為其中並無關愛之意，對情況也絲毫沒有幫助。

Key Point

站在對方立場傾聽的好處

❶ 發展：增進共感及理解能力。

❷ 經驗：如同閱讀一樣，得以間接地累積經驗。

❸ 重量：能夠體會言語的重量。

❹ 信賴：足以給對方暢所欲言的安全感。

Action

忍住給予建議的衝動

❶ 刪除：盡量刪除腦海中不斷浮出的建議。

❷ 想像：想像一下對方處於該情境時的模樣。

❸ 理解：集中注意力以求理解對方。

❹ 渺小：別忘了，個人的經歷，其實如塵埃般微不足道。

11 即使對方話已收尾，也再稍微等一等

傍晚時分，夫妻倆坐在飯桌前聊天，互相搶著發言。

丈夫：妳先聽我講完。
妻子：好啦，你說說看。
丈夫：所以我去了次長那裡，但當時在旁邊的……。
妻子：等等，是那個女次長嗎？
丈夫：唉，對啦，不要打斷我說話！他跟那個女次長……。
妻子：因為你講得不清不楚啊，講快一點，我也有話要說。

某位親近的姐姐，對我吐露了自己的煩惱。

「每次和老公聊天，他都會說我打斷他的話，但他語速實在很慢，讓我心裡憋得慌。我該怎麼辦？只能繼續聽下去嗎？」

看到這樣的伴侶，我首先想到的是兩人很愛對方，因為有不少夫妻平日是無話可聊的狀態。不過，

如果類似的情況反覆出現，互相打斷發言的問題會讓彼此心生不滿，在對話的過程裡，也會因內心受創而發生爭執。那麼，我們為什麼會打斷別人說話呢？

每個人敘事的方法不同

每個人鋪陳故事的方式不一樣，在前面的對話中，丈夫是以起承轉合的順序講述，以大事件為中心，去掉不重要的訊息。然而，只要丈夫開始敘述某件事，妻子就非常鬱悶，因為故事中漏掉很多細節，讓人難以理解事件的發展，所以她經常打斷對方進行提問。相反地，妻子敘述事情時，會把瑣碎的細節交代得一清二楚，有時甚至導致故事的走向偏離中心。如此一來，丈夫就會覺得妻子的敘述過於冗長，忍不住中途打斷，詢問她事件的核心到底是什麼。

打斷他人說話的人，通常是感受到一股衝動，想把腦海裡浮現的想法立刻說出來。他們擔心若當下不說，很可能過一下就忘了。於是，他們會把「對不起、打斷你的話」掛在嘴邊，逐漸養成中途插話的習慣。此外，有時是因為對方講得太長，他們覺得該輪到自己發言了，或者認為對方說的話有誤，想要儘快糾正才急於打斷。

然而，自己想說的話，有重要到必須打斷對方嗎？真的非說不可嗎？恐怕不然。中途插話的情況，一般發生在瑣碎的主題上，很多時候不是一定得要在當下發言，而是腦海裡恰巧浮現某一想法，覺得不吐不快。換言之，中途插話是一種貪欲，也就是無法克制想開口的欲望。發言的內容，只是為了滿足自己的好奇心，或者只想把建議塞給對方，不是真心為了他人著想。

興高采烈地敘述某件事，卻突然被打斷，任誰心情都不好。因此，為了順利展開交流，我們必須先聽完對方的話。或許有人會反駁，中途插嘴提問，是為了理解對方的故事脈絡。不過，即使對某些部分感到困惑，等對方說完再問也不遲。當別人正在發言，就要懂得尊重對方的說話方式。

語畢時再多等兩秒

即使對方已經把話說完，也不妨等待兩秒後再發言。我說話的速度不快，通常在切換到下一個話題前，會留有短暫的空白。有些人一發現空檔，就馬上插進來講自己的事，或許是我的話題看起來已經結束，又或許是對方無法忍受沉默，所以急於填補對話之間的空白。然而，我遇見過許多人，都是在交談的過程裡，逐漸回想情境、並找到合適的詞語表達，而這些都是需要時間的。和語速的快慢無關，在把自己的內心話說出來之前，都要經過一定時間的沉澱。

大概有人會質疑：到底要聽對方講到什麼時候？那麼，我也想反問，如果對方是親愛的家人、伴侶或重要的對象，難道不應該充分給予傾聽嗎？仔細回想，至今為止我所遇到的數十萬名學員，不管我有多認真傾聽，他們也不會單方面講好幾個小時。當說話者認為自己已把想說的話說完，就會主動結束話題，然後向對方提問，聽取他人的意見或看法。亦即，**表達的欲望消失後，隨之產生的是傾聽的欲望**。

說話速度慢的人，經常會因被他人打斷而感到困擾。不過，被中途插話的原因，很有可能不是語速的關係，而是因為語調。壓低句子的語調，容易讓對方以為話題結束，然後就開始接話。在樂譜上，當歌曲接近尾聲時，會慢慢降低速度、音量和音程，營造出終場的氛圍。說話的方式也與此類似，若語尾低沉，聽起來就像是預備畫上句點。因此，從現在起，不妨試著把句尾的語調提高，就像提問時一樣，用充滿活力的語調說話，如此一來，就能給人未完待續的感覺。

沉默也是對話的一部分

有些人總是想打破沉默。當對方安靜時，他們會擔心對方是否悶悶不樂，於是主動搭話；回到家後，如果對方不說話，又會覺得是不是對自己有什麼不滿，開始小心翼翼地觀察。最後，他們會刻意打開房門想聊幾句，卻反而被對方抱怨。其實，人有時候就是想發呆，在外與許多人接觸後，回到家只想安靜地休息。明明什麼也沒做，卻感到異常地疲憊時，就希望在自己的避風港裡找到安全感，好好放鬆一下。其實這些都跟你無關，對方只是需要充電而已。

沉默可以帶來一種舒適感，但我指的不是要減少說話，或者乾脆憋在心裡，而是人與人之間可以適當地留白。不必刻意找話題來營造和諧的家庭氛圍，有些家庭人口稀少，卻總是溫馨洋溢；有些家庭人丁興旺，空氣卻像凍結般清冷。氛圍是透過心來打造，而不是靠聲音來維持，相互的關懷和體貼才是重點。人們對休息的渴望沒有規律，且這種渴望經常不期而至。因此，試著讓自己靜下來吧，那麼和他人一起讀書、散步時，就算彼此都不說話，也能感到舒適且自在。

後悔經常是由言語所引發，而不是沉默所造成。沉默亦是對話的一部分，適當留白會因用詞謹慎形成獨特魅力。此外，與能夠自在面對沉默的人交談，通常較能產生信任，進而分享深入的話題。

Key Point

沉默帶來的好處

❶ 安全：不會因說出口的話而後悔。

❷ 優先：不管是誰，想抒發情緒時，都會第一個來找你。

❸ 成熟：可以和比自己年長的人變親近。

❹ 信任：樹立穩重、慎言、可靠的形象。

Action

容許片刻的沉默

❶ 熟悉：適應對話間的空檔。

❷ 自在：感受沉默所帶來的自在。

❸ 安靜：領悟人與人之間不是非搭話不可。

❹ 忍耐：靜待對方主動開口講明。

12 邊聽邊記錄的優點

來聽我講課的學生，以「想介紹給他人的書」為題展開對話。

學生：我最近很喜歡讀《The ONE Thing》（書名暫譯：成功，從聚焦一件事開始）。

主持人：《The ONE Thing》是一本什麼樣的書呢？

學生：大意是每天專注於一件事，就能取得成功，是一本自我開發類的書。

主持人：你說你很喜歡讀這本書，書裡的哪一點讓你覺得特別有趣？

學生：書裡曾舉骨牌作為比喻，據說骨牌可以推倒比自身大1.5倍的物體，所以如果我們每天都像骨牌一樣……。

主持人邊在記事本上做筆記，邊聽學生分享。提問前的鋪陳，「你說你很喜歡這本書」，就是因為主持人邊聽邊記錄。重複對方的話，可以讓對方知道該針對哪一部分多做說明。許多人擔心自己講得太長，聽的人會覺得無聊，因此敘述時儘可能簡單扼要。在對話的開頭，學員只用一句話簡述書籍，但主持人再次詢問，表達對內容感興趣，學員便開始進一步舉例，這就是邊聽、邊記錄的效果。

「邊聽邊記」，準備好聽對方說話

邊聽、邊寫下對方說的話，看起來就像是已準備好洗耳恭聽。除了能表現出聆聽的專注，也能讓對方感受到認真的態度。當說話者看到聽者做筆記的模樣時，說話就會格外慎重，因為自己的發言會被記錄下來，所以不能想到哪說到哪，必須挑選並過濾詞句。如此，對話品質就會提高，內容也將變得更有深度。此外為了配合聽者書寫的速度，就算是語速快的人，也會刻意把講話的速度放慢。

在前往重要的場合之前，可以先做好邊聽邊記的準備。不必把對方說的話一字一句記錄下來，只要擷取內容的核心、重要詞彙，以名字、日期、有趣或印象深刻的內容為主即可。亦即，之後再重新瀏覽筆記內容時，就可以大略記得對方說過什麼。這個方法，特別推薦給在傾聽方面遇到困難的人。例如難以專心聆聽對話內容、一段時間後就想不起來聊過什麼，或是一轉眼就忘記周圍人的名字……等，都很適合活用邊聽邊記法。

有助於掌握核心訊息

看新聞直播時，經常可以發現主播一邊聽來賓講話，一邊認真做筆記。雖然事前雙方已核對過訪綱，但主播還是會仔細聽來賓發言，抓出對方話裡的核心內容，然後拋出預期外的尖銳提問。如此一來，對方就會說出未曾在其他報導或節目上提及的故事——這就是主播現場訪問的實力，以及傾聽效果最閃耀的瞬間。因為善於傾聽，所以能精準提問，通常記者也必須具備這種能力，才有機會採訪到獨家。

在公司裡，也可以活用邊聽邊記的方法，尤其在開會時特別有效。最近帶著筆電參加會議的情形愈來愈普及，此處唯一需要注意的那就是記錄時不必逐字逐句。用電腦打字時，速度會比手寫還要快，所以很容易在不知不覺中埋頭記錄。此外，一直盯著電腦畫面，也會忘記要看著發言的人。會議的目的是為了討論工作目標和業務重點，如果不用負責記錄會議內容，開會時應該把焦點放在會議主旨的把握與理解。

假如會議是在餐廳或咖啡廳進行，建議另外準備筆和記事本，因為將筆電或平板擺在桌上時，通常會占用很多空間，必須把杯子或餐盤移開，使用時較為不便。因此，不妨事先準備好筆和記事本，提前放在桌面上，然後把筆夾在空白的筆記頁裡。如此一來，只要對話時聽到實用的內容，就可以儘快翻開記事本記錄。筆記時，可以告訴對方：「這個主意很不錯！一定要記下來！」對方得知自己的發言備受重視，內心也會感到滿足。

能讓自己或聽眾更加投入

在舉辦活動時，邊聽邊記的方式也能派上用場。上班族有時會需要在公司活動中擔任司儀，例如新年晚會、閉幕式、創社紀念活動、產品展示會、新聞發布會、招商活動，以及新人培訓、研討會、邀請外部講師進行教育訓練……等。在活動上，司儀若想讓流程更為順暢，不僅要正確介紹活動順序與講者，也要懂得準備串場台詞。舉例來說，理事長在新年晚會上致辭結束時，除了引導觀眾給予掌聲，還可以站在聽眾的立場，針對致辭中令人印象深刻的字句表達感想，這麼做會讓活動變得更加精彩。

「請大家給〇〇〇理事長掌聲。（理事長走下台時，念出先前記下的致辭內容）『我們雖然來自不同的地方，但是卻齊聚一堂，望著同一個方向』，理事長的這段話令人印象深刻，大家都點頭表示贊同呢。（理事長就座後）感謝理事長精彩的致辭，請大家再次給予熱烈的掌聲！」

邊聽邊記，可以使活動進行得更順暢，且具有這樣的控場能力，肯定會被列入該年度的晉升名單。

聽演講時，如果邊聽邊記，也會變得更加投入。我喜歡聽作家們演講，經常帶著筆記本或作家的著作，一邊聽、一邊寫下印象深刻的故事或感悟。獨自閱讀固然很好，但到現場聽作家親自講述，通常有更深的體會。邊聽演講邊作筆記，不僅能聽得特別專注，內心也有更多領悟。若身體處於極為疲倦的狀態，邊聽邊記亦有助於保持清醒。不過，在作筆記時，千萬別因自己漏聽了哪一段，就舉手發問打斷演講。

假如是用智慧型手機作筆記，記得要不時地把目光轉回發言者身上，否則長時間盯著手機，看起來就像在網上聊天或瀏覽網頁，容易被誤認為不專心。盡量讓自己只在做筆記時低頭，其餘時間則多看著發言者。此外，有些人會選擇用手機錄音，但就像閱讀同一本書，每次看都會有不同的心得一樣，感悟會隨著不同時間而產生差異。因此，不管錄音與否，我都推薦用寫筆記的方式記錄。

有益於提升專注力

我們經常能看到主播在播報新聞時，手上還握著一支筆，這樣的動作，能夠提高觀眾的信賴。過去我在擔任主播時，為了熟悉新聞內容，會用筆將重要的詞彙圈起來，或者在報導的新聞標題上做記號。這種方法，有助於強調關鍵詞，並提醒自己該則新聞的報導目的。同理，在會議上發言時，如果經常感到緊張，不妨拿著筆一邊寫、一邊說。這麼做，能有效緩解緊張的情緒，將注意力集中在意見傳達，而不是他人如何評價我的表現。

在餐廳或咖啡廳等場合，邊寫邊說的方法非常有效，在握筆的瞬間，就能順勢提醒對方「從現在開始，我說的話很重要」讓聽者集中注意力。亞馬遜的創辦人傑夫．貝佐斯（Jeff Bezos）與投資人一起用餐時，就曾經在餐巾紙上畫出亞馬遜追求的「良性成長循環圖」，並對此進行說明。這張圖簡單得讓人一眼就能看懂，有助於理解傑夫．貝佐斯的論點。

一邊寫、一邊解釋，可以幫助對方理解自己的想法。把說明變得簡潔，並整理出要點，讓聽者容易記住，這樣訊息就會更加清晰。但有一點需要特別留意，千萬不可以一邊發言、一邊塗鴉。

進行報告時，也試著把筆和記事本帶在身邊吧，這麼做有助於面對突如其來的提問。在報告的過程裡，手上需要拿著簡報遙控器，或者用手勢輔助說明，所以不妨把筆和記事本放在講桌上。在報告結束、預備接受提問時，再回到講桌前，一邊聽提問者的敘述，一邊寫下重點。有時提問者的鋪陳很長，或者會想到哪裡、講到哪裡，用邊聽邊記的方式，能有助於掌握提問的目的。此外，按照筆記內容回答問題，就不會發生答非所問或遺漏的情形，能夠準確針對提問者的困惑予以解答。

Key Point
邊聽邊做筆記的效果

❶ 提升：有助於提升傾聽能力。

❷ 投入：對於說話者的故事更加投入。

❸ 信賴：給予對方信賴感。

❹ 明確：說話時，會盡量讓自己保持心平氣和、有條有理。

Action
在傾聽時活用筆和記事本

❶ 記事本：用記事本來取代便利貼。

❷ 準備：在開會之前，先準備好筆記用的工具。

❸ 要點：記下重要的詞彙和資訊。

❹ 簡潔：以簡潔明瞭的方式記錄，以便日後重新回顧。

13 內心排斥的提問，就以第三者角度回答

傾聽很重要，但我們可能也會困惑：「碰到不想聽的言語，難道也必須聽下去嗎？」然而，傾聽的妙趣，就在於可以將對話導往對自己有利的方向，維持圓融的人際關係。讓我們一起看看下面的對話：

叔叔：打算什麼時候結婚呢？
姪子：應該快了吧。
叔叔：你要多努力啊！
姪子：結婚又不是只要我努力就好。
叔叔：結婚之後，才能在社會上站穩腳跟。
姪子：叔叔，我現在也過得很穩定！我會自己看著辦的。

許久未見的叔叔，老是對著姪子嘮叨，勸他趕快結婚，這是過年過節時常見的場面。親戚或長輩很喜歡問「未來的計畫」，小時候會問「長大後想做什麼」，就學後又問「你想考哪所大學」，等

到上大學後，則是問「以後想找什麼樣的工作」；順利就業後，開始問「什麼時候結婚」；結婚之後，則不停追問「什麼時候生小孩」。雖然我們很討厭被問這種問題，但又不能無視長輩的話，於是聽著聽著就忍不住感到焦躁。

不必對每句話都做出反應

我們之所以對這些問題反感，是因為打從心底認為這是「個人的私事」，針對私事做出回答後，對方還不停嘮叨，心情自然會大受影響。從現在起，別把這些問題看作「個人的私事」，因為叔叔也不是真心好奇姪子的未來，只是想要對話而已。兩人太久沒見面，彼此之間沒什麼話題可聊，又覺得身為長輩，有義務先開啟話題，所以才總是詢問未來的計畫。假如叔叔真的關心姪子，不會連對方的近況都不曉得；若叔叔的提問是發自真心，那麼姪子也不會對此感到不耐煩。

我們到目前為止聽過的問題，或者以後可能面臨的提問，都比較像是「隨口問問而已」，所以不必過於認真地回答。只要不把自己的個人規劃告訴對方，就不用再聽一大堆的嘮叨。面對未知的未來，本來就已經非常地焦慮和苦惱，實在沒有必要向他人多作說明，也不用急著解釋自己是個什麼樣的人，試圖取得對方的認同。面對類似的問題，只要想成「原來叔叔想和我對話」、「原來叔叔是用這種方式開啟話題」，在理解對方心意的那一刻，對話自然就會變得輕鬆。

鮑勃．普羅克特（Bob Proctor）在《Change Your Paradigm, Change Your Life》（書名暫譯：改變模式，改變生活）一書中曾提到：「我們可以選擇要『反應』還是『應對』。如果只是單純地『反應』，相當於把選擇權交給了當下的情況或他人。例如我因某人的話而生氣，就等於把選擇權交給了對方——我允許他讓我生氣，停止了思考，並且被潛意識左右。而『應對』則不同，如果有人說了讓我生氣的話，我會先觀察一下四周，並開始思考：『他為什麼那樣說？明明就不是事實。我是一個很棒的人，不像他形容的那樣，我不必認同那些話。』」

代入前述的案例，姪子在聽到叔叔問「結婚計畫」時，隨即做出了反應，並且對此感到生氣。對於叔叔的提問，姪子依照事實予以答覆，相當於把評論權交給對方。

以第三人稱的角度作答

面對抗拒的話題，希望你能以「應對」來代替「反應」，以第三人稱的方式作答，就是其中一種可行的方法。亦即，把句子的主詞從「我」替換成「他」，彼此談論的對象是第三者，站在幫助他人的立場上來引導對話。

叔叔：打算什麼時候結婚呢？
姪子：就是說啊，什麼時候能結婚呢？（彷彿在談論他人的事）
叔叔：我怎麼知道，你要努力才行啊。
姪子：該做些什麼努力好呢？如果是您的話會怎麼做？（一起為他人尋找解決方案）
叔叔：在你這個年紀嗎？我那時候超受歡迎，根本不需要努力。
姪子：喔？真的嗎？有多受歡迎？嬸嬸不是您的初戀嗎？嬸嬸！（把對話的焦點從未來轉

移到過去）

假如把對話的主角視為第三者，那麼情況就與我毫無關聯，可以繼續愉快地進行對話。我最擅長的一句話為「就是說啊」，或者以感嘆的語氣說出「是啊」，表示贊同對方的觀點。親戚擔心某個人，我也對此深有同感，所以用「是啊」給予回應。在說出這句話的瞬間，就能感覺到對話中提到的人和我徹底分離。

「是啊，究竟會怎樣呢？我也非常好奇。」

「就是說啊，繼續觀察下去就會有答案嗎？」

接著，以共同為第三者提供協助的心態，詢問對方有沒有解決之道。反問對方的想法，會讓對方以為自己在尋求建議，進而感到驕傲與滿足。

叔叔：畢業後打算去哪裡上班？
姪子：就是說啊，去哪裡比較好呢？
叔叔：打算什麼時候生小孩？
姪子：就是說啊，什麼時候會生小孩呢？
叔叔：工作還順利嗎？
姪子：是啊，怎麼做才會更好呢？

叔叔：你未來有什麼計畫？

姪子：是啊，未來該訂立什麼計畫比較好？

接下來，詢問若換作是對方，會有哪些實際的作為。計畫的時間點在於未來，沒有人知道未來會發生什麼，所以能談論的部分有限。不妨先聽一下對方的想法，然後再把時間點拉回過去，試著向對方提問，讓他開始講自己的故事。

「叔叔的情況呢？」

「叔叔，當初是什麼樣的想法，讓您決定走入婚姻？」

「叔叔在找工作時，最看重哪一個部分？」

「當您知道自己成為爸爸時，有什麼樣的感覺？」

「您二十多歲時，最煩惱的事情是什麼？」

Key Point
用第三人稱應對的方法

❶ 分離：別認為對方談的是「我」。

❷ 好意：察覺對方並非有意嘮叨，只是不懂得如何表達關愛。

❸ 助力：提出問題，一起為第三者尋找解決之道。

❹ 過去：將焦點從未來轉移到過去。

Action
面對嘮叨的親戚或長輩時

❶ 分離：「就是說啊。」

❷ 好意：將對方生疏的言語表現視為一種關愛。

❸ 助力：「怎麼做比較好？」

❹ 過去：「當時您是怎麼做的呢？」

14 有時，先請求對方傾聽

如同前文所述，父母的口才遠比我還要出色。某一天，我因為媽媽不聽我說話，內心感到非常的憤怒。

媽媽：我昨天買了地瓜回來，這批地瓜是江原道產的，味道很甜所以遠近馳名……（繼續炫耀地瓜）。
我：你還在講什麼地瓜啊，我現在很嚴肅。
媽媽：知道啦，邊吃地瓜邊聊。
我：不要，我現在心情超差，你覺得我吞得下去嗎？
媽媽：唉呀，這個地瓜真的很好吃，妳吃一口看看。
我：煩死了，跟你真的無法溝通！

就像吃到一半噎住了一樣，內心覺得喘不過氣。雖然我喜歡傾聽，但有時也需要抒發自己的情緒。我也是人，在特別疲倦、無力或煩惱時，同樣需要有人傾聽我的心聲。家人、父母、戀人或朋友，愈是親密的關係，就愈會顯得依賴，想將心裡的話一吐為快。善於傾聽的人，亦無法總是只聽不說，假如一味隱忍，煩惱就會積壓在心底，最後變得難以好好聽他人說話。

請求他人聽聽我的心聲吧。平時愈是善於傾聽，就愈需要開口表明自己的需求，因為他人對我的形象已有固定的認知。個性文靜且話少的人，情緒波動通常不明顯，開心時不會喜形於色，難過時也不會像世界快崩塌了一般焦慮。由於情緒起伏不大，就算遭遇困難，也不會輕易表現出來，可能只是比平常再更沉默一些。這種細微的變化，若非敏銳之人，其實很難察覺。

別總是心想：「一定要講出來才知道嗎？我們都相處這麼久了」，被動地等待對方察覺，或是因對方無法理解我的情緒而感到失落。必須說出來，對方才會知曉。從現在起，主動請求對方傾聽我的心聲吧。告訴對方：你對我來說很重要，希望你能聽我抒發情緒。接著，在對方聽完後，誠懇地請他分享自己的看法。**假如事先分配好角色，對方就會產生責任感，認真予以傾聽**。

我也曾用這個方法，向母親提出請求。

「媽媽，請聽我講一下吧，我有事需要妳幫忙。我正面臨重要的抉擇，目前有好幾個選項，我實在很苦惱。妳先聽我說完，然後再告訴我妳的想法。」

母親很喜歡講話，通常靜下來時，不是正在吃東西，就是已經睡著了。儘管如此，只要我提出請求，她還是會願意聽我說話。其實，解決問題的方法，只有當事人最清楚，但偶爾也需要有個可靠的人，默默傾聽我們訴說煩惱。假如深愛的對象恰巧是這種類型，一定能感受到真正的幸福。讓我們勇於開口，表明自己的需求吧。

Key Point

請求他人傾聽的方法

❶ 請求：請求對方聽我說話。

❷ 珍貴：讓對方知道，他的存在對我而言很重要。

❸ 角色：請對方在聽完之後，分享自己的看法。

❹ 冷靜：放低語調，娓娓道來。

Action

希望眼前的對象聽我說話時

❶ 請求：「請聽我講一下吧。」

❷ 珍貴：「你對我很重要，我想問問看你的意見。」

❸ 角色：「先聽我說完，然後告訴我你的想法。」

❹ 冷靜：心平氣和地展開對話。

第3章

我的話語，展現出我的性情

傳達心意或許很費力，但並沒有想像中困難。以真誠打動對方，彼此就能溫柔和解，這樣的生活也會對自身更有益。放下心中的包袱，與身邊之人相親相愛地過日子吧。

15 正向的語言總是帶有力量

說話的風格代表著人格，所以平時就要養成良好的說話習慣。建議盡量減少否定詞，增加肯定詞的使用。韓國人最常使用的否定詞，大概就是「不」或「沒」。

丈夫：不是這條路嗎？
妻子：不是啊，我不是說在下一個紅綠燈時右轉嗎？
丈夫：那妳應該講清楚啊！
妻子：不是啊，是你每次都不專心聽我說話才這樣。

這是生活中常見的對話，不管怎麼看，夫妻倆都像在吵架，而「不是啊」這句話，就是點燃雙方戰火的關鍵。「不是啊」通常用於上對下或平等的關係，主要在否定對方提出的問題，例如「不是啊，我還沒要睡」、「不是啊，我不想吃」。此外，在表達驚訝、感嘆或訝異時，也會用到類似的表現，例如「不是啊，可以那樣做嗎？」、「不是啊，這麼快就到了嗎？」、「不是啊，這到底怎麼回事？」大部分都是用來否定對方的話。

☑ 傷感情的一句話：「不是啊」

為了共同營造良好的人際關係，我曾在IG上發表一支影片，提倡去掉句子中的「不是啊」。影片甫上傳，就有許多人轉貼分享，並標記推薦給自己的伴侶、家人和朋友。撰寫這篇文章時，影片已在網上流傳好幾個月，觀看次數達到四百九十萬次，留言亦超過了五千則。我看到不少有趣的評論，像是「拿掉『不是啊』要怎麼說話」、「去掉『不是啊』之後，講話變得好卡」、「去掉『不是啊』真的活不下去」等。多數人驚訝地發現，自己其實經常使用「不是啊」這句話，而且未曾察覺當中帶有否定的意味。

以前在電視購物台工作時，我親眼見證過這句話的負面影響力。

次長：不是，我想表達的是，這個商品要像原來一樣，清楚地秀出品牌。

科長：不是，比起秀品牌，這次從展示和試用開始不是比較好嗎？上次的銷售也很普通……。

組長：不是，請等一下，讓我先說完。請別管上一檔導購，就當作是販賣一款全新商品，各自提出意見比較好。

次長：不是，我覺得不太對，現在好像把重點放錯地方了，怎麼能無視上一檔導購的經驗呢？

電視購物台透過直播來銷售商品，檔次三百六十五天全年無休，所以不僅商品種類龐雜，會議也十分頻繁。為了成功達到預期銷售額，我每天平均參加四場會議，討論如何在直播節目上介紹商品，並制定出銷售策略。會議的參與者包括主持人、製作人、商品企劃及廠商代表，整體氛圍與一般的公司會議相似，不是枯燥乏味，就是形式上走個過場。不過，若碰到熱銷產品，業績的負擔相對較小，會議的氛圍自然顯得輕鬆愉快。

反之，如果前一次直播的銷售額下滑，或者推銷產品時出現失誤，會議氛圍就會變得沉悶且低迷。另外，與銷售業績無關，有些人受情緒影響，對於必須與不合的搭檔一起主持心生抗拒，就會在會議上發洩不滿。這時，他們最常掛在嘴上的口頭禪就是：「不是啊！」藉由反駁來強調自己的主張，彷彿「我的意見比你的更好」。僵持到最後，往往是聽從影響力大、擁有更多話語權的人的意見。每當碰到這種情況，我就會懷疑這真的是「開會討論」嗎？明明我們的目標一致，為什麼要互相指責呢？

去掉「不是啊」之類的發語詞

試著在說話時，把「不是啊」這三個字去掉吧，這樣句子就會變成肯定句。利用這種方式，在不反駁對方意見的情況下，平和地提出自己的主張。別把我的看法與對方的意見混在一起，讓雙方的論點各自獨立，因為會議最初的目的，就是要彙集各方意見，再透過討論制定出最佳戰略。營造出人人都有機會發言的會議氛圍，公司才能向上發展。**只要記住我們都在同一條船上，就能避免脫口說出「不是啊」之類的反駁，減少對他人意見的否定與批判**。

次長：這個商品要像原來一樣，清楚地秀出品牌。（刪掉「不是」，省略「我想表達的是」

這句話，也不影響語意的傳達）

科長：這次從展示和試用開始會不會比較好？上次的銷售很普通……。（刪掉「不是」、「比起秀品牌」，因為聽起來像是在強調自己的意見優於對方）

組長：先別管上一檔導購，就當作是販賣一款全新商品，各自提出意見比較好。（刪掉「不是，請等一下，讓我先說」，在發言之前，先聽對方把話說完）

次長：上一檔導購也有很多優點。（刪掉「不是，我覺得不太對」，「現在好像把重點放錯地方了」這句話，聽起來就像在指責對方不專業，建議換成正面的說法）

把「不這樣做嗎」，換成「這樣做如何」

「這次從展示和試用開始不是比較好嗎？」

把這種否定型的問句，改成肯定型問句吧，例如上述科長的話，可以改成「這次從展示和試用開始如何？」。另外，「走這條路不是更好嗎？」，可以改成「從這條路過去如何？」、「用餐時間有限，買三明治不是比較好嗎？」，可以改成「用餐時間有限，買三明治吃如何？」。

希望他人認同我的意見時，肯定型問句較為有效，因為否定型問句，通常是在缺乏自信時使用。例如同事問「今天中午要吃什麼？」，有人回答「今天下雨，不是很適合吃刀削麵嗎？」實際上可能是沒有把握大家都會喜歡刀削麵；當女朋友問戀人哪件衣服比較好看時，戀人回答「一件式洋裝不是看起來更端莊嗎？」實際上可能是根本不懂一件式與兩件式的差別。

如果夠有自信，就會用肯定句簡短地表達。
「去吃刀削麵吧，那間店真的很好吃。」
「今天的你適合穿連身裙，真漂亮！」
因此，如果具有信心，且必須儘快做出決定時，就以肯定句明確地說出來吧。

用希望來取代禁止

父母在婉拒子女的要求時，必然會充滿否定的詞彙。

孩子：爸爸，我可以吃冰淇淋嗎？
爸爸：什麼冰淇淋，在吃完飯前不行。
孩子：那我可以邊吃飯、邊看YouTube嗎？
爸爸：我說過不可以，那種習慣對小孩不好。
孩子：那麼在吃飯的時候，媽媽讀故事給我聽，像有聲書一樣。
媽媽：沒辦法，我在工作，去找爸爸讀給你聽。

「不行」、「不可以」、「沒辦法」、「不能那樣」、「我說過不行」……等語句表現，帶有管控對方行為的意思。想做卻不能做時，人們通常會產生剝奪感和失落感。或許有些人會反駁，大人有義務教育子女，但父母真心盼望的，是孩子健康、開朗地成長，並且能獨立做出正確的選擇。如此一來，強制性管控其實毫無幫助，只要沒有人在前方指路，孩子就完全失去控制自我的力量。

在這種情況下，肯定型的語句就能發揮作用，因為有希望就會產生期待，並且積極地付諸行動。亦即，別告訴孩子「現在不能～」，而是要鼓勵他們「馬上就可以～」。

「飯全部吃完的話，我們就去吃冰淇淋吧。」

「YouTube 等等再看，現在應該專心吃飯，這樣消化才會順暢，眼前的食物也會更美味。」

「媽媽要先把工作結束，三十分鐘後再讀故事給你聽。如果你現在就想聽，要不要問問看爸爸呢？」

我就是用這個方法培養耐性，不是強制、壓迫或管控，而是給自己希望。不管工作有多艱難、外面有多熱鬧，我也會耐著性子完成預期的目標。例如寫作的時光既痛苦又漫長，我已經排除其他瑣事，連續寫了十小時。不過，我知道寫完文章後，就能享受隨之而來的充實、滿足、補償與休憩。因為懷有希望，所以能撐過寫作時的艱辛。只要我竭盡全力，就會迎來更大的喜悅。

Key Point

以肯定句表達的技巧

1. 刪除：把句子中的「不是啊」拿掉。
2. 尊重：說出自己的意見，但是不反駁對方的看法。
3. 肯定：提問時，用肯定型問句來代替否定型問句。
4. 希望：別一味地下達禁止令，應該給予對方希望。

Action

希望眼前的對象聽我說話時

1. 刪除：「不是啊，我不是叫你走這邊嗎？」→「往這邊走。」
2. 尊重：「比起那個，這個不是更好嗎？」→「這個如何？」
3. 肯定：「你不覺得這間房子還不錯嗎？」→「這間房子怎麼樣？」
4. 希望：「寫完作業前不行玩。」→「寫完作業後再玩吧。」

16 即使意思相同，也要把話說得漂亮

朋友為了幫忙安排聯誼，於是詢問對方的理想型。

朋友：你的理想型是哪種人？如果周圍有合適的對象，我就幫你介紹。

甲：我討厭每天喝酒的人，也不喜歡對方會因為小事而說謊。不運動的人感覺有點懶惰，說話不經大腦的類型，我也完全不感興趣。還有以忙碌為藉口，不願時常聯絡的人，大概也沒辦法長期交往。

朋友：哇，我要寫下來才能記得住了！

朋友真的會居中安排聯誼嗎？甲看起來就是個挑剔的人，一直強調自己排斥的部分，感覺就好像有很多地雷。人們在提到自己討厭的事時，會自然而然地皺起眉頭，因此，甲在講這些話時的表情，也會深深留在對方的記憶裡。

把焦點放在「喜歡」而不是「討厭」

甲希望遇到一個理想對象，不會做出令人反感的行為。那麼，就別一直強調討厭的點，多談談喜歡哪些特質，如何？

把「我討厭每天喝酒的人」，改成「我喜歡飲酒適度的人」；「不喜歡對方因為小事而說謊」，改成「我喜歡誠實、正直的人」；「不運動的人感覺有點懶惰」，改成「我喜歡有運動習慣的人」；「說話不經大腦的人，我完全不感興趣」，改成「我比較欣賞說話知道輕重的人」；「以忙碌為藉口，不願時常聯絡的人，大概也沒辦法長期交往」，改成「就算忙碌，我還是希望對方能時常聯絡」。

人們只要提到喜歡的事物，語氣和表情都會變得開朗。試著回想一下自己熱愛、喜歡或珍惜的東西吧，光是想像，嘴角就會不自覺地露出微笑。不論目前處於何種情況，只要想到這些事物，心情就會變得愉悅。韓國詩人柳時和曾在個人臉書上寫道：

「這世上有兩種人：一種人會說『我討厭不幸』，另一種人則說『我喜歡幸福』。性格愈是敏感，就愈容易有討厭的事物。然而，我們與生俱來的敏感，應該用來發掘美好、偉大且值得珍惜的事物，而不是用來築起高牆，孤立自我。用熱愛的事物，來為自己下定義吧。」

偽裝成稱讚的評價

有時稱讚來自於評價，例如「我喜歡你言出必行」，就是立基於評價的讚美。

「你一直都很帥，所以我很喜歡。」
「我的兒子學業優秀，媽媽很開心。」
「你總是那麼堅強，真棒。」
「對待長輩謙和有禮，好乖。」

上述的表達方式，就是立基於評價的稱讚。不過，這些話真的是為對方著想嗎？對方聽到這些話會感到開心嗎？

我並不這麼認為。因為這些話，不是由衷為了對方，而是以「我」為中心。亦即，說話者之所以這麼說，是因為對方的行為符合自己認定的標準，或者意在引導對方做出改變，實際上相當於一種偽裝成稱讚的評價。因此，我們在聽到類似的言語表現時，並不會覺得開心。為了對方而做的行為，剛開始或許能勉強維持，但終究禁不起時間考驗。只有行為的目的是為了自己，才更具有持之以恆的力量，並且能促進雙方共同成長。

稱讚對方「我喜歡你言出必行」，對方可能會擔心自己無法遵守約定時，是否會令人感到失望；聽到「你一直都很帥，所以我很喜歡」的讚美，對方可能會覺得自己必須時刻展現出最完美的一面；只有優秀的成績可以讓媽媽開心，於是孩子會開始為分數感到焦慮；獲得「你總是那麼堅強」的稱讚，會導致對方在痛苦難受時，也無法對你表露真實的情緒。因此，如果不具有這類意圖，今後應該要更準確地表達，讓對方感受到你真實的心意。

「發現」而不是「評價」對方的優點

別總是給予評價，應該試著「發現」對方的特質。與其用「因為你～所以我很開心」之類的句型，根據條件來進行評價，不如在發現對方的優點後，對此表達自身的想法、情緒或感受。例如「我喜歡你言出必行」，可以改成「你似乎非常看重和我的約定，這點讓我十分感激」，讓稱讚成為一種感謝。

若想發現對方的優點，就必須努力掌握行為背後的意義，而不是單純評價行為所帶來的結果。「你一直都很帥，所以我很喜歡」，是在對打扮之後的模樣進行評價，但仔細推敲這句話的意義，對方看起來很帥，其實就是我深愛著對方的佐證。因此，不妨把這句話改成「我覺得你一直都很帥，不論是熟睡時的模樣、刷牙時的側臉，或者是嘔氣時轉過身去的背影。我真的非常非常愛你」。

同樣地，「我的兒子學業優秀，媽媽很開心」，可以改成「你無論做什麼都腳踏實地，認真的模樣讓我很感動」；「你總是那麼堅強，真棒」，可以改成「看到你堅強的模樣，我也跟著受到鼓舞」；「對待長輩謙和有禮，好乖」，可以改成「謝謝你主動過來問好」。

在困境中轉換心情的技巧

我以前經常發牢騷。

「事情怎麼這麼多，累死了。」
「好煩喔，不要跟我講話。」
「累到快掛了。」
我以消極的角度解釋情況，表現出負面情緒，用抱怨的方式博取他人關心。但是，即使不斷發牢騷，情況也沒有好轉，反而使自己的處境更加難堪，甚至讓身邊的人一起感到挫折。在面臨困境時，人們該做的是尋求協助，而不是一味地抱怨。抱怨只是一種幼稚的習慣。
因此，我刻意降低自己發牢騷的頻率，在抱怨的言語快要脫口而出時，就緊緊地閉上嘴巴。此外，在心情愈來愈焦躁時，我就會去回想自己的目標和希望。亦即，我努力地提醒自己，眼前種種難熬的境況，都是迎接美好未來的必經之路。於是，現在的我不太會因瑣事抱怨，唯一的牢騷是在運動的時候。登山時，陡峭的上坡路非常吃力，雖然是自己選擇的路，但是卻莫名地想抱怨。忍了又忍，最後往往會爆出一句「好累啊」。不過，抱怨完後，我會再給自己一點希望。
「啊，真的好累，但應該很快就會抵達山頂了吧。」
「真不知道我為什麼要來爬山，但我相信最後一定能攻頂。」
發出聲音自我喊話，痛苦就沒那麼難以忍受。聽過我講課的學員們，也開始養成這樣的習慣。
「今天大家為什麼一直找我啊？應該是代表我工作能力很強。」
「煩死了，但我不會忘記保持笑容。這種事對我來說不算什麼。」
當遇到困境時，如果能為自己添加一點希望，心情就會豁然開朗，並得以養成正向、積極的語言習慣。

Key Point

如何把話說得漂亮

❶ 正向：即使意思相同，也要把話語的焦點放在「喜歡的事物」。

❷ 稱讚：感謝對方的行為替自己帶來了好處。

❸ 發現：了解對方行為背後的意義。

❹ 希望：忍不住脫口抱怨時，馬上再為自己添加希望。

Action

對親近的對象說好聽的話

❶ 正向：「我喜歡在聊天時願意傾聽我說話的人。」

❷ 稱讚：「謝謝你每次和我見面時都笑得很開心。」

❸ 發現：「看見你的笑容，就能感受到你很歡迎我。」

❹ 希望：「好累喔，但沒關係，明天就是週末了！」

17 加句勝過標點符號的一句話

現在是透過文字聊天、溝通的時代，周圍是不是有些人在發訊息時，特別喜歡使用標點符號或表情貼圖呢？

組長：可以把文件格式用 mail 寄給我嗎？
代理：好的！！！！
專家：那麼，明天下午3點到貴公司後再和您聯絡。
代表：謝謝~~~
後輩：前輩！！昨天真~的~很謝謝你~~~！！！
前輩：哪裡~昨天真的報告得很棒！！！^^

仔細觀察上述的對話，會發現說話者有濫用驚嘆號、波浪號和副詞的習慣。過度使用這些符號，可能會導致表達能力退步。在文字訊息中，驚嘆號通常用於確實理解意思的時候，波浪號則用於表達親切的語氣，而副詞是用於強調情緒。濫用標點符號和副詞來表達心意，其實會產生一種依賴。亦即，直接用語言表達時，當事人會感到害羞或生疏，所以才選擇用符號代替。不過，若要真心打動對方，就必須在當下把想說的話說出來。試著養成表達真心的習慣吧，剛開始或許有些困難，但只要持續練習，就會漸漸地熟練，表達能力也會與日俱增。

在對話時，不妨多加上一句話，把自己心中的感受或情緒表達出來。在確實理解對方的意思後，不要只用「好！！！」來回答，可以用「好的，現在馬上寄給你」來回應；在對方釋出善意時，與其只回覆「謝謝～～～」，不如進一步表示「真的很謝謝你抽空到訪我們公司，明天見」；假如真心感謝前輩的指導，不要只說「昨天真～的～很謝謝你～～～！！」，可以改成「昨天因為有前輩協助，報告才能順利地結束。每次都能從您身上學到驚人的技巧，真心覺得感激」。

正確地運用驚嘆號

連續使用多個驚嘆號，通常是代表自己確實理解了對方的語意，並強調一定會按照指示執行。當對方接受自己的提議，讓人感到非常開心和興奮時，也會用驚嘆號來表現。而在對話的結尾，或者希望對方結束話題時，我們亦習慣用「好喔！！！」來回覆，但我經常叮囑學員們別使用這種方式。另外，在錯過某項事物或失誤時，我們也會用「啊！！！」來呈現。

韓國國立國語院針對韓語所規範的「韓文拼寫法」，驚嘆號通常用在「唉呀！完蛋了！」、「真的超帥！」等感嘆句或感嘆詞後面。其次，像「回答我！」、「我會努力的！」等語氣特別強烈的句子，以及陳述句、命令句、勸誘句等，也會使用到驚嘆號。另外，在以質問的語氣表達出驚訝或抗議時，亦會加入驚嘆號作為輔助，例如「這是誰做的！」、「我哪裡不好了！」等。最後，在呼籲他人，或者投入情感進行回話時，也會用驚嘆號加以強調，例如「興茱啊！」、「是的，老師！」。

除此之外，「韓文拼寫法」中並未提到可以使用多個驚嘆號來表達強烈語氣。根據規範，標點符號的使用，是為了凸顯文句結構，明確傳遞作者的意圖。因此，為了有效傳達文章的意涵，我們必須適當地使用標點符號。所謂「適當」，意即只要在文末使用一次，就能充分傳達出情感。與其連續使用多個驚嘆號，不妨試著在「謝謝！」、「我知道了！」後面，多加一句話來表達心意吧，這麼做不會花費多少時間。

正確地運用波浪號

現在常見以波浪號來模仿親切的語氣，像是「你好~」、「下次再聯絡~」等形式，經常可在訊息或郵件中看到。我總是鼓勵學員們要改掉拉長語尾的習慣，並強調在日常生活中別使用波浪號。因為拉長語尾，只是一種裝親切的表現。

親切應該發自內心，而不是用語氣來彰顯。只要帶有親切的態度，語氣其實沒那麼重要。有些女性會擔心自己的聲音厚重，聽起來不夠親切，所以刻意提高說話時的音調，實際上沒必要這麼做。男性們雖然普遍嗓音低沉，但不代表所有人都冷酷無情，不是嗎？只要言語溫暖、行為友善，就算沒有其他多餘的表現，也能讓人感覺到親切。利用語氣或訊息來表達和善，只是為了營造自身的形象而已。

為了顯得親切而拉長語尾，反而會降低傳達效果。因為每句話的語尾拖延不斷，會讓人聽起來有種奇特的口吻。講話應該讓內容清晰傳達，而不是讓語調過於明顯，否則會影響傳達力。如果訊息中加上太多波浪符號，看起來也會十分雜亂，專業性更會因此下降。**工作能力出色的人，不會刻意凸顯親切，而是會把焦點放在準確傳達訊息**。

根據韓文拼寫法的規定，波浪號用於標示時間、距離或範圍，也可以用連接號（—）來取代。因此，我建議學員們在日常生活中別使用波浪號，改用連接號來表達。雖然對波浪號有些不公，但我相信：若波浪號在句子裡消失，語氣或訊息都會變得簡潔俐落，傳達力也將更上一層樓。

肯定有人會問：「沒有波浪號，只用句號的話，語氣不是很生硬嗎？」從句號上，我們到底感受到了什麼呢？就原則來看，句尾應該使用句號、驚嘆號或問號；即使用了刪節號，最後也要畫上句點，才算是正確的語句。唯有如此，讀者才能確切掌握文意。假如書中句尾用的是波浪號，或者沒有加上句點（雖然從沒看過這種書），通常會被認定為誤用，需修改正確後再重印。過去我們在閱讀書籍時，就算看到句子用的是句點，也不會覺得作者不親切。因此，使用標點時不必過於煩惱，只要帶有一顆親切的心即可。

正確地運用副詞

副詞是一種細膩的語言表現，而我所憂慮的情況，是語句中副詞的使用過於單一。例如「昨天真～的非常非常謝謝你～～～！！！」，我們通常只輪流使用「真的」、「非常」、「經常」、「超級」、「很」、「太」、「完全」、「十分」等副詞。我在購物頻道擔任主持人時，就頻繁地使用「非常」這個詞，只要對商品不太滿意或者詞窮，「非常」兩個字就會冒出來。

把特定的副詞掛在嘴上，就會容易養成習慣，例如「我想到了」這句話，經常會說成「我突然想到」、「我真的想到了」。副詞的作用是放在動詞或形容詞前，使語意變得更加明確，若能活用多樣化的副詞，就能將情境描繪得加倍生動。舉例而言，我們可以用「忽然」、「隱約」、「突如其來」、「無端地」、「冷不防」、「明確地」、「清晰地」、「分明地」、「準確地」、「清楚地」、「確實地」等，來代替「突然」或「真的」。盡量把副詞運用得精彩一點吧！在網路辭典中搜尋常用的詞彙，就可以看到意思相近的「同義詞」。從我準備站上主播台的二〇〇八年開始，至今約十五年的時間，我幾乎每天都會查閱國語辭典。確認發音、探究詞義、透過例句了解用法，然後熟記同義詞和反義詞，這樣的習慣，大幅提升了我的詞彙量。

不久前，我在和相隔一年才見到面的後輩聊天時，曾脫口而出：

「偶爾會這樣。」

後輩露出了笑容，如此回應：

「『偶爾』，真的好久沒聽見這個詞了。雖然在書裡會看到，但好像還是第一次在對話中實際聽到。」

實在太有趣了。我大概也是在某個時期從書裡看到「偶爾」這個詞，然後大為驚喜：「啊！『偶爾』，好久不見的詞！」一邊把它圈起來，一邊念出聲來。這個方法，亦是我用來增進詞彙的管道。最近在書裡看到「不由自主地」時，也會出現類似的反應，接著，就在不知不覺中用於當天的對話裡，把它融入我的詞彙庫。

在運用個人習慣的副詞時，不妨也在後面多加一句話作補充。盡量不要將副詞重複兩次，以免顯得不夠成熟穩重。例如在讚嘆美食時，不要用「真的真的很好吃」，可以改成「真的很好吃，有小時候媽媽煮的泡菜湯的味道」；在讚美他人時，不要用「你今天真的真的很漂亮」，可以改成「你今天真的很漂亮，遠遠地我就只看到你」。

Key Point

不依賴標點符號的表達能力

❶ 句子：在標點符號的後面加一句話作補充。

❷ 表現：表達內心浮現的情緒和感受。

❸ 正確：正確地使用標點符號。

❹ 收集：收集多樣化的副詞。

Action

以訊息表達感激時

❶ 對象：回想自己感謝的對象。

❷ 句子：把想說的話寫下來。

❸ 表現：將內心浮現的情緒和感受融進句中。

❹ 正確：正確使用標點符號，簡潔俐落地傳達心意。

18 即使害羞，也要把感謝說出口

我的父母是眾人夢寐以求的模範夫妻。某天，這對來自慶尚道的夫婦正在用餐。

爸爸：吃飯吧，快來。

媽媽：湯好喝嗎？

爸爸：嗯。

媽媽：女兒妳也覺得好吃嗎？爸爸不說話就代表還不錯。

爸爸只要覺得好吃或滿意，就會一句話也不說；反之，如果覺得不好吃或不滿意，就會像廚師一樣開始給建議，所以爸爸和媽媽經常鬥嘴。不過，他們之所以能一直維持著夫妻的姻緣，關鍵就在於爸爸每天都會傳暖心的訊息給媽媽。

「外面很冷，出門時記得穿暖和一點。愛妳。」

因為是家人，更要積極地表達

因為是家人，所以感謝永無止境。此處指的「家人」，並不侷限於法律上的關係，而是涵蓋所有形式的愛，包括一起生活、像家人一般疼惜我的朋友、戀人、鄰居或周圍的人。亦即，他們讓我勇於活出自我，擁有生存的欲望，甚至成為我活在世上的理由。面對這些人，我們應該表達出內心的感激。能夠接收到關愛，並同時有值得付出關愛的對象，是一件多麼令人感激的事。

可別只把感激之情藏在心底，試著用言語表達出來吧。當我們墜入愛河時，會覺得「我愛你」這句話，無法完全表達心中的熱情。即使不斷重複，仍然有種辭不意逮的鬱悶。「感謝」亦是如此，不要只說一次就結束。「我愛你」、「謝謝你」、「我喜歡你」，這些話即便聽上數百遍，依然會讓人感到幸福。

韓國人在撰寫電子郵件時，總是會以「謝謝，○○○敬上」作結語。此外，無論是工作上的訊息聯絡、準備結帳離開餐廳時，也都會表達感謝之意。大人會教孩子說「謝謝」，面對陌生人或點頭之交，我們也經常把「謝謝」掛在嘴邊。換言之，在日常生活裡，我們每天無數次地對他人表示感謝，但這句話是否也經常對家人說呢？從現在起，不妨每天都向家人表達感謝吧。

讓內心的感謝打動對方

如果「感謝」只是隨口說說，就無法真正觸動人心。例如對幫忙打掃房間的家人表示：「房間變得好乾淨喔，什麼時候打掃的？真的很感謝你。」這樣的說辭，很可能淪為一種場面話，不僅沒有體諒到對方清理時的心情，也未曾對清掃過程中付出的努力表達感謝。只是看到房間變整齊，覺得心情很好，才順著個人情緒向對方道謝，話裡甚至還藏著暗示：希望對方以後繼續幫忙整理。

想讓自己的言語打動人心，就必須「照實陳述」對方的行為，然後分別說明自己對該行為的「想法」和「感受」。看見乾淨整潔的房間，內心湧現的是感激、安心、平靜、醒悟、自信、信任與欣慰等。因此，我們可以換一種說法：

「之前我把房間弄得亂七八糟，現在居然變得像飯店一樣乾淨、整齊（事實）！你沒有對我發脾氣，也沒有擺臉色給我看，甚至還面帶笑容（事實）。為了把房間打掃乾淨，你一定花了好幾個小時吧（想法）？你總是很照顧我，我真的既內疚又感激（感受）。」

回想一下那些平時視為理所當然的細緻關懷吧，然後深刻地體察對方的行為，真誠地傳達出內心的感謝。

電子禮券不足以表達真心

有時，我們為了表達謝意或生日祝福，會藉由電子禮券傳遞心意。不過，用禮券來表達感謝，終究還是有所侷限。「喝杯暖心的咖啡，繼續加油吧！」在送上連鎖咖啡店的禮券後，留言為對方打氣，或許還能勉強過關。不過，若碰到特別的節日或紀念日，僅用電子禮券傳達謝意，似乎有些不夠真誠。

送電子禮券的目的，大多是渴望「迅速」傳達感謝，而非真心為對方著想。換言之，就是想儘快擺脫所謂的人情債。假如彼此的關係不算深厚，那麼藉電子禮券來表達心意也無妨。但是，如果雙方關係緊密，且內心有數不盡的感激，就必須找到正確的方式傳達。完整地表情達意，是讓關係變穩固的良機。因此，如果打算送禮，不妨選一份有意義或對方需要的禮物。只要平常仔細觀察，很容易就能發現對方想要什麼。

有時，送禮會讓人陷入尷尬，擔心對方有被施捨的感覺，或者因禮物而備感負擔。不過，若認為禮物足以表達自己的心意，就應該勇敢地送出去。送禮前的各種擔憂，其實都是從個人角度進行的揣測，對方的真實反應，要在禮物送出後才會知曉。假如對方基於禮貌而婉拒，可以請求對方為了我而收下。亦即，每當看到禮物時，就能自然而然地想起我。

有些人不管怎麼問，都不會坦承自己到底需要什麼。這時，我會站在對方的立場上，想一想「最近需要什麼東西」。若有些人真的什麼都不缺，那麼，我會從對方的角度出發，思考「什麼樣的禮物比較有意義」。

禮物的價值在於表達心意，價格或品牌不是重點。我最為珍藏的禮物，是學員們親自寫的信或訊息，看到密密麻麻寫滿感謝的文字，我很高興自己能為他人提供協助，也謝謝對方樂於表達自己的感受。此外，令我印象深刻禮物，還有親自烹調後分享的食物，或者在察覺我的需求後精心準備的物品。這些，都是充滿關愛與溫暖的禮物。

Key Point

表達感謝的方法

❶ 家人：每天都試著向家人表達感謝。

❷ 順序：按照事實→想法→感受的順序，分別說明。

❸ 心意：審視對方行為中所蘊含的情感。

❹ 觀察：送禮前先仔細觀察對方的需求，用心挑選禮物。

Action

向感激之人傳達謝意時

❶ 感謝：回想一天中最值得感謝的事物。

❷ 順序：按照事實→想法→感受的順序，把想說話的分別寫下來。

❸ 心意：試著揣想對方行為背後的心意。

❹ 觀察：準備一份對方此刻需要的禮物。

19 若不真心道歉，問題將加倍惡化

在等待紅綠燈時，計程車從後面撞了上來，我下車檢查車子的狀況。

司機：沒事吧？

我：啊？

司機：車子看起來沒什麼事，直接開走吧。

「沒事」、「直接開走吧」，應該是我覺得沒受影響時說的話，計程車司機連一句道歉也沒有。肇事者本來就有義務查看對方是否受傷，對受損的車輛或事故導致的損失進行道歉，並採取相應的措施。等待紅綠燈時，後方車輛發生追撞，百分之百是後方車輛的過失。原本我覺得只是輕微的交通事故，打算直接離開，但司機傲慢的態度讓我瞬間改變想法，最後通知警察和保險公司前來處理。

即時且真誠的道歉

其實這場事故，只要一句「你沒事嗎？對不起！」就可以解決。如果當下不好好道歉，事情只會變得愈來愈棘手。有些人即使知道自己犯了錯，也不願意主動道歉，因為道歉就相當於承認過失，他們不想為自己的行為負責，或者覺得道歉有傷自尊心。此外，有些人認定自己也有苦衷，對此備感委屈，所以別說是道歉，還急著為眼前的情況辯解。不願主動道歉，其實就是只為自己著想的自私行為。

道歉應該即時且真誠，一旦發現錯誤，就要立刻道歉。時間愈拖愈長，對方只會愈來愈生氣。「真的愈想愈氣耶！」你是不是也曾說過類似的話呢？憤怒的火焰有可能不受控制，無止境地向外蔓延。因此，我們在犯錯時，務必先向對方說聲「對不起」，然後針對過失行為「如實陳述」。接著，必須理解對方由此產生的情緒和感受，並對此進行道歉。

舉例來說，計程車司機應該用這樣的方式表達歉意：

「對不起（道歉），妳沒事吧？有沒有哪裡受傷？我剛剛不小心打瞌睡，沒踩好煞車踏板，所以才撞到妳的車（事實）。突然被撞到，妳應該嚇了一跳吧（對方的感受）？車禍也一定讓妳很不高興，真的非常抱歉！妳希望怎麼處理呢？」

附帶一提，根據韓國《道路交通法》規定，肇事駕駛應對受害者展開救護，並提供自己的姓名、聯絡方式、地址等個人資料，再向警方進行通報。

深切反省自己的過失

有時候即使道歉，對方仍會生氣地質問：「說說看你做錯了什麼！」這種情況，不是對方不接受道歉，而是我們把重點放錯了地方。如此一來，道歉就顯得缺乏誠意。例如你前一晚喝得酩酊大醉，隔天打算向妻子道歉：

「我錯了，下次不會再喝酒了，原諒我吧。」

這樣的表達方式不正確。妻子不是因為你喝醉才生氣，因此，不喝酒的約定無法讓對方消氣。妻子對你的信任正處於瓦解狀態，因為你曾經和她約定，就算外出喝酒，也不會喝到不省人事，會讓自己安全返家。其次，為了不讓妻子擔心，你答應隨時保持聯絡，但這兩點你全都沒有做到，於是她對你的信任開始崩潰。連這種簡單的約定都無法遵守，妻子自然會對兩人的未來產生不安，擔心你是否值得依靠、能否作為一輩子的伴侶。另外，你不遵守彼此的約定，也讓妻子開始懷疑兩人的愛情是否早已冷卻。

因此，如果想正式道歉，應該換一個說法：

「真的對不起（道歉），我昨晚喝到不省人事才回家，而且也沒有和妳聯絡，沒能遵守我們之間的約定（事實）。妳應該對我很失望、也很傷心吧？我違背了承諾，妳大概會覺得我講的話不值得相信（對方的感受）。讓妳對我失去信任，真的很抱歉。」

變化的起點，在於確切地意識到自己做錯了什麼。

直到道歉被接受為止

有些人剛道歉就懇求原諒，要求再給一次機會，或者希望對方立刻消氣。不過，類似的說法其實會讓對方加倍憤怒，因為這代表道歉的目的僅是為了自己。亦即，希望對方儘快接受道歉，結束眼前不愉快的氛圍。倘若真心為對方著想，就必須懷著歉意，直到對方的心結消解為止。

到底要道歉多久呢？答案是必須等到對方願意接受。不過，我的意思不是要你每天登門拜訪、下跪求情，而是在生活中時刻懷抱著歉意。對方因為你犯下的錯，持續感到沉重、痛苦與煎熬。因此，道歉時應該懷著愧疚之心、徹底悔悟，並負起隨之而來的責任。假如彼此關係親近，就更要努力讓對方看到自己的改變。

倘若和對方有過約定，就要用行動加以證明。別再講出自己無法遵守的承諾，像是「我以後一定不喝酒」等，必須用實際的作為，重新找回對方的信任。舉例而言，以後外出應酬時，隨時和妻子保持聯絡；不過度飲酒，清醒地在約定時間前返家。如果能長期保持下去，和妻子之間的信任就有可能恢復如初。當某天聽到妻子說：「現在我不必再因為你出去喝酒，擔心地徹夜難眠」，就代表她已經真正地原諒你。

當然，有些人會反過來指責對方：「妳幹嘛舊事重提？不然我也來翻翻舊帳？」、「妳真的很愛記仇耶！」切記，錯就是錯，對方予以寬恕，不代表過失就不存在。必須謹記自己的過錯，日後才不會重蹈覆轍；如果有機會，也可以仿照下列說法，再次向對方表達歉意與謝意。

「我一直想重新獲得妳的信任，這段時間我不斷努力，希望妳以後也能繼續相信我、看顧我。很抱歉讓妳感到失望，也謝謝妳願意給我機會。」

就算不夠及時，也要把歉意傳出去

在內心的某個角落，我們都對身邊之人深感內疚。有時，聽到家人呼喊吃飯，或者提醒回家時注意安全，語氣就會開始變得不耐煩，甚至突然大發雷霆。在別處受到委屈，卻把怒火發洩在無辜之人身上，例如砰的一聲把門關上，嚇到了安靜待在客廳的家人、通話時一氣之下就把電話掛掉，或者說出一堆違心之論等。用情緒化的方式表達憤怒，蠻不講理地亂發脾氣，你是否也有過這樣的經驗呢？

那麼，就算不夠及時，我仍建議你向對方道歉。如果心愛之人還守在身邊，就儘快開口表達歉意，告訴對方自己當時感到十分愧疚，這段期間一直憋在心裡，沒來得及說出口。明明應該珍惜對方，但行為上卻沒有做到，請如實坦承自己的過失。此外，也可以表明自己一直想開口道歉，但總是缺乏勇氣，希望現在道歉還不算太晚。

若彼此懷有心結，隨著時間流逝，裂痕會愈來愈深，導致關係日漸疏遠。傳達心意或許很費力，但並沒有想像中困難。以真誠打動對方，彼此就能溫柔和解，這樣的生活也會對自身更有益。放下心中的包袱，與身邊之人相親相愛地過日子吧。

Key Point

真心表達歉意的方法

❶ 立即：當下立刻表達歉意。

❷ 道歉：先向對方說「抱歉」。

❸ 事實：坦承自己的過失，用言語加以陳述。

❹ 感受：用同理心去設想對方的感受，並對此進行道歉。

Action

真誠地向受害者道歉

❶ 對象：回想自己感到抱歉的對象。

❷ 準備：把想說的話按照「道歉→事實→感受→感謝」的順序寫下來。

❸ 心境：揣想對方當時是什麼樣的心情。

❹ 勇氣：即使晚了一點，也要鼓起勇氣向對方道歉。

20 稱謂，代表個人的說話品格

某位打算整修房子的顧客，正在與室內裝潢廠商進行諮詢。

顧客：我想重貼四個房間的壁紙。

廠商：好的，老闆娘，請問房子大約幾坪呢？

顧客：四十五坪。

廠商：老闆娘，請問我們方便實際拜訪估價嗎？

顧客：那個，不好意思，我不是老闆娘。

廠商：啊，對不起，我平常叫成習慣了。

據韓國《標準國語大辭典》記載，「夫人」（或老闆娘）是用來尊稱老師、他人或長輩的妻子。簡單來說，就是稱呼某人的太太（女性）。然而，如同對話所示，在不知道對方已婚與否的情況下，有些人會因對方是女性，就以「老闆娘」稱呼，碰到男性則一律稱為「老闆」——他們覺得這種稱謂就代表「禮儀」。

「應該怎麼稱呼您呢？」

我也曾在停車場被如此叫過，管理員在三分鐘內，一共喊了我五次以上「老闆娘」。

「管理員先生，我不是老闆娘，我還沒有結婚。」

「那我應該怎麼稱呼您呢？」

「可以叫我『客人』，或是不加稱謂也無妨吧？」

最近「老闆娘」這個稱呼帶來的正面效果不大，因為不婚的女性正在增加，或者即使已婚，也不太願意被陌生人稱為「老闆娘」。這種稱呼，代表「我」是「某人的妻子」，反而失去了主體性。因此，在以「老闆娘」稱呼對方之前，不妨先詢問一下：「應該怎麼稱呼您呢？」或者「請問您貴姓？」。每個人都有名字，以名字來稱呼對方更好，除非和對方的丈夫相識，才適合以「老闆娘」或「夫人」稱呼其妻子，例如：

「前輩，夫人最近過得好嗎？」

表現出尊重的稱謂方式

不恰當的稱謂會讓人忍不住皺眉，尤其在醫院看到稱護理師為「護士大姐」的人，內心更是不以為然。我們會稱呼醫師為「醫生」，在私人醫院叫做「院長」，在大學醫院則是「教授」。假如有人在看到醫生時，稱呼對方為「醫生大哥」、「醫生大姐」，難免被投以異樣的眼光。那麼，「護士大姐、護士姐姐」真的是合理的稱呼嗎？只因對方是女性，就以「大姐」當作稱謂，這麼做真的合適嗎？

近年來，男性護理師有逐漸增加的趨勢。據大韓護理師協會指出，二〇二三年有三千七百六十九名男性護理師通過國家考試，占全體合格者的十六・一％，與十九年前（二〇〇四年）相比，足足增加了三十倍以上。現在，韓國國內的男性護理師總數，增加到三萬一千九百六十三人。但是，一般人會稱他們為「護士大哥」嗎？

衡量性別和年齡的稱謂，暴露出個人偏見；**輕率的稱呼，對他人來說更是一種冒犯**。若想獲得尊重，首先就要懂得尊重別人，而適當的稱呼，正好能表現出尊重的態度。護理師和醫師一起在醫療現場，為患者的健康付出心力，屬於醫療團隊的一員，因此，我們可以稱呼他們為「護理師」。不分性別和年齡、走到哪裡都適用，而且對每個人來說都不失禮——這樣的稱謂，才能展現出我的品格。

此外，對於照顧孩子或負責家務的人，有些人會稱他們為「阿姨」或「歐巴桑」。針對家事勞動者，韓國僱傭勞動部也訂出新名稱，從現在起，不妨改稱他們為「居家管理師」吧（台灣稱為「家政服務員」）。

無關年齡與性別的稱謂方式

日常生活中，我們也應該使用與性別或年齡無關的稱呼。在餐廳裡，建議以「老闆」來稱呼店主，而不是「阿姨」、「大叔」、「小姐」、「姐姐」或「學生」。有些人可能會質疑，對方看起來非常年輕，或許只是店員或工讀生而已，用「老闆」來稱呼真的合適嗎？近年來，有許多年輕人提早創業，更有不少人擁有凍齡的外貌。對於初次見面的人，我們沒必要去推測對方的職級來給予稱呼，直接說「您好，我要點餐」，也不失為一種好方法。

在陌生的場合，亦要避免使用「媽媽」或「爸爸」之類的稱呼。不久前，在我的讀書會活動上，主持人指著一位提問的女性，告訴工作人員：「請把麥克風遞給那位媽媽。」當時的我在一旁非常訝異，而那位女性也尷尬地轉頭問朋友：「他叫我『媽媽』？」在超過百人參加的活動裡，這種稱呼等於將她貼上了「有孩子的女性」的標籤。然而，那位女性真的有小孩嗎？我們無從得知。唯一可以確定的是，被稱為「媽媽」時，她的表情明顯露出不悅。

在醫院裡，有時醫護人員也會根據患者的年齡，稱呼對方為「〇〇〇爸爸」。假如對方沒有生育，這種稱呼其實相當失禮。即使是年過七旬的長者，也可能未婚或沒有生育，稱呼對方為「〇〇〇女士／先生」或「〇〇〇患者」，才是更為合適的表現。另外，如果是面對所有年齡層的教育機構，在稱呼對方「媽媽」、「爸爸」之前，應該先詢問：「是誰要來上課呢？」

搭乘公車或計程車時，也可以稱呼司機為「司機先生」。雖然「先生」這個稱謂通常用於指導學生的老師，但同樣可以加在姓氏或職稱後面，用於表示對他人的尊重。因此，稱呼陌生人為「先生」，算是符合禮儀的用語。假如要叫住經過的路人，也可以加上對方的特徵，例如：

「穿藍色外套的先生！你的錢包掉了。」

詢問對方的名字

之前我曾去過夏威夷，在抵達當地的第一天，我前往餐廳外帶食物，結完帳後，店員詢問我的名字，以便在食物準備好後通知我。後來，我去買咖啡、搭計程車時，當地人也都詢問了我的名字，並熱情地用名字來稱呼我。夏威夷人似乎認為詢問陌生人的名字，是一件理所當然的事，在一天之內就有三個外國人叫出我的名字，讓我覺得自己備受歡迎。

在講課或開會時，人們通常都會問我：「應該怎麼稱呼您呢？執行長、主播、講師、老師，或是興按鈕女士？」

在創業初期，為了確立自我認同感，我會要求大家稱呼我為「執行長」。但不知從何時開始，我更想聽大家叫我的名字，所以現在會請對方以名字來稱呼。用「名字＋職稱」，或者乾脆叫我的名字，這兩種是最理想的情況。我喜歡被用名字稱呼，因為我很喜歡自己的名字。在韓國，經常省略掉姓名，用職稱當作稱謂。有時會在職稱前加上姓氏，如「鄭執行長」，或者直接稱為「執行長」。

僑胞們經常反應很難適應韓國的稱謂文化，明明有名字，為什麼要用職銜來稱呼呢？來自美國的僑胞學生，平時都直接叫我「興茱」，而我也稱呼他「哲洙」，彼此都省略頭銜。同樣地，我的英語老師是美國僑胞，每次提到自己的丈夫時，都會稱呼他為「鄭宇成先生」，而不是「丈夫」或「老公」，她覺得這樣的用法更加自然。或許，韓國繁瑣的稱謂文化，反而讓我們變得不怎麼關心他人的姓名，直到出現不滿的情緒時，才突然詢問對方：「你叫什麼名字？」因此，日後在稱呼對方之前，不妨先詢問一下名字吧。

Key Point
稱謂方式，相當於說話的品格

❶ 稱謂：別用年齡或性別來決定稱謂。

❷ 尊重：以尊重的態度來稱呼對方。

❸ 意見：若雙方經常見面，最好直接詢問該如何稱呼。

❹ 名字：在互相問好之後，詢問一下對方的姓名。

Action
與不熟的人對話時

❶ 稱謂：以「先生／女士」作為稱謂。

❷ 尊重：抱持尊重的態度。

❸ 意見：詢問對方「我應該如何稱呼您？」

❹ 名字：「我叫〇〇〇，請問你叫什麼名字呢？」

21 當今社會避免使用的語句

雖然是標準用語，但隨著社會風氣轉變，有些詞彙可能會引發對方的憤怒。

丈夫：妳為什麼那麼敏感？
妻子：你現在才知道嗎？我本來就這樣。

上司：你知道是誰把宅配包裹放在這裡嗎？
部屬：它本來就在那裡。

顧客：請問可以延後退房時間嗎？
職員：不好意思，按照規定本來就不行。

直接點出時間，不要用「本來」這詞

「原本／本來」這個詞可作為名詞，意指「事物傳承下來的最初樣貌」，也可以當作副詞使用，表示「從一開始」或「根本」。不過，「本來」這個詞出現在日常對話裡時，會讓對方瞬間無言，彷彿被按下了憤怒開關，怒火逐漸燃燒。

「我本來就這樣。」

「我一向都是如此。」

受到指責或訓話的人，或是想在爭吵時故意激怒對方者，經常用「本來」這個詞進行反擊。因為聽起來就像完全不打算改變自己，自然容易引起對方的不滿。「本來」這個詞，會讓人理智斷線，忍不住咆哮：「哪有什麼本來就這樣！明明就是你不肯努力！」衝突也因此變得更加激烈。

上司詢問「是誰把宅配包裹放在這裡」，是因為不喜歡空間被隨意占用，準備建議對方以後若發現包裹，應該主動交給收件人。然而，部屬卻冷冷地回應：「它本來就在那裡。」這種回答，會讓主管覺得員工不懂得察言觀色。

許多人為了規避責任，習慣把「本來就是這樣」掛在嘴上。公司的客服人員或員工在面對客戶或消費者時，如果斷然地表示「按照規定本來就不行」，肯定會讓對方感到不悅。因為這聽起來就像是單方面堅守和強調個人立場，不僅毫無討論餘地，也不打算理解對方的苦衷。

因此，說話時，不妨去掉「本來」這個詞，直接點出具體的時間。將「我本來就這樣」，改成「我從高中開始就有這個習慣」；把「本來就在那裡」，改成「從昨天開始就一直放在那裡」；而「按照規定本來就不行」，可以改成「自從十年前變更用戶條款後，就沒有例外的情況發生」。接著，請進一步詢問原因：

「我從高中開始就有這個習慣，你為什麼會那麼認為呢？」

「從昨天開始就一直放在那裡，怎麼了嗎？」

「先前沒有例外的情況發生，有什麼問題嗎？」

只要詢問對方的想法並給予共鳴，對話就能圓滿地畫下句點。

「問題」只會引發問題

社長在會議進入正題之前，先向到場的員工們問候。

社長：行銷部最近有沒有什麼問題？

組長：不久前到職的新人向我提離職，但面談進行得很順利，他最後決定留下來，所以沒有什麼問題。

社長：廣告組呢？有沒有什麼問題？

組長：有一家媒體報導我們新品上市後客服做得不夠周到，已經約好和該媒體的產業部部長於本週見面，正迅速地採取應對措施。

這位社長也是我的學員，他用「問題」來作為會議的開場白，著實讓我大吃一驚。「問題」通常意指「需要解答的提問」、「討論、爭議或研究的對象」、「難以解決或令人困擾的事情」，多用於帶有負面意味的語句。社長詢問員工有沒有「問題」，員工們便開始談起「問題」，導致會議在沉悶的氛圍中展開。我向社長解釋完後，他表示自己完全沒有那樣的意思，只是想關心員工的狀況。因此，現在的他改用「最近有什麼新消息嗎？」、「最近行銷部有什麼話題嗎？」、「最近廣告部都好嗎？」等，來作為會議的問候與開場。

盡量別對他人說「你有問題」。有時父母面對孩子，或者老師教導學生時，會說：「你這麼做就是問題所在」、「你覺得自己的問題是什麼？」、「說說你的問題在哪裡」，假如經常聽到類似的話，便會陷入自我懷疑，覺得「我是不是真的有『問題』」。若真心希望對方理解並改善，不妨直接拋出解決方案。

試著問問對方「你有什麼煩惱嗎？」、「我可以提供什麼幫助？」、「目前你需要些什麼？」，並主動伸出援手。很少有問題是由個人單獨造成，大多也受到環境、情況、社會及結構性因素等影響。因此，別指責他人是「問題兒童」或「問題人物」，將某人貼上標籤，其實是一種傲慢的行為。

「我有數不盡的優點」

在談論自己時，也不要用「問題」來形容。當我詢問學員們的目標：「你想成怎樣的表達者」時，有許多人用了「問題」或「缺點」這樣的詞來自我反省。

「我的問題在於無法好好組織語言，報告前即使做好充分的準備，真正上場時仍然感到非常緊張。我希望能克服這樣的問題。」

消除當下的症狀不算目標，目標應該要遠大且具有價值。看著這些學員，就彷彿看到過去的自己。以前我也曾因不擅長報告，口語表達能力弱，而認定自己「有問題」。這樣的想法持續二十多年，是我親手築起牢籠困住自己，演講恐懼症也是我自己所造成。其實，從來沒有人對我說過：「你的演講好爛」、「為什麼在報新聞時結巴？」、「我真的不想聽妳講話」，只是我難以達到心中設下的完美標準，所以不懂得欣賞自己的表現，甚至不願意認可自我。在領悟了這一點後，情況才開始有所改變。

表達能力不佳不是我的「問題」，而是教育體制不夠完備的結果。當時的環境，無法讓我好好地學習表達，但是，我始終努力提升自我，讓今天的我比昨天更加進步。我不斷追求成長，當我開始相信自己，才有機會像現在這樣致力於推廣口語表達。

我們沒有「問題」，真正有問題的人，是說話刺傷對方，卻依然不願意改變的人。我們齊聚一堂，就是為了追求變化；正在閱讀這本書的你，是為了實現正向的改變，為了向自己、周圍的人和世界傳遞溫暖的話語，並建立良好的人際關係。因此，從現在起，表達自我時應該把焦點放在目標上。目標，是我們要達成的方向。

「我希望自己發言時充滿自信，讓聽眾全程專注。」

「我想讓他人第一次看到我，就覺得我是一個值得信賴的人。」

「我希望不管和誰交談，都能給對方留下溫暖、舒服的印象。」

表明目標，信心也會大幅提升。

此外，你並沒有缺點或弱點。所謂的「缺點」或「弱點」，只是相對性的比較。舉例來說，注重完成度的人，傾向於細心處理工作並從容地掌控時間；而重視效率的人，則更看重在截止日內有效率地完成工作。這兩種人因工作方式不同，可能會認為對方有缺點而互相排斥，也可能因互補的特質而彼此欣賞。其次，這種看法會隨著時間不斷改變，就像在家時喜歡下雨，外出時卻覺得雨天掃興一樣。但願從今天起，你能大聲地向自己喊話：「我充滿優點」、「優點是我最大的武器」。

別用「平凡」帶過，以精準的詞彙表達吧

「興茱你也是生長在平凡的環境吧？我也是在平凡的父母底下長大。」

某位男性向我告白，表示自己也過得很平凡，我們應該會很合得來。我當場拒絕了他：

「我一點也不平凡，我的成長過程很特別，甚至讓我覺得現在的生活是種奇蹟。如今我也是一樣的想法，我覺得每個人都很特別，沒有人是所謂的『平凡』。每一個活著的生命，都為了活下去而付出巨大的努力。我很明白這樣的現實，所以我想我們一點也不適合。」

在他人面前使用「平凡」這個形容詞，令我感到十分厭惡。世上沒有平凡的人，只有不理解對方，就妄自下定論的人。他們根據自己的視野，隨意區分所謂的平凡與特別。幼時父親每天凌晨四點起床，清掃院子、餵牛吃草，整理農田後才去上學。從海邊的家到鎮上的學校，必須翻越兩、三座山嶺，來回需要整整五個小時，但爸爸依舊每天開心地上學。父親只是輕描淡寫地表示，當時每個人都是這樣翻山越嶺去上學。然而，在我眼裡，看到的是一個特別的孩子。每次去親戚家玩時，阿姨、嬸嬸、

叔叔都會講述各種精彩的故事，我總是一起待到深夜，聆聽他們跌宕起伏的人生篇章。

我所遇見的數十萬名學員，全部都很特別。雖然他們總是謙虛地形容自己是平凡人，但只要我深入探詢，就會看見他們璀璨的人生，以及為生活努力的獨特面貌。每個人都很特別，我們都在書寫專屬自己的劇本和場景。因此，千萬不要以「平凡」兩個字來侷限自我，如果覺得自己平凡，只是因為你不願意花時間發掘自我。仔細聆聽內心的聲音吧，那裡有無數生動、精彩的故事。認識自我，就是一趟通往幸福的旅程。

「平凡」這個詞，應該只用來描述「平凡的道路」。不過，它沒有具體的特徵，所以我不建議使用。試想一下，提到「平凡的道路」時，你能想像那是什麼樣的光景嗎？或許每個人都會有不同的解釋。住在都市的人，可能會聯想到水泥路；住在歐洲的人，應該會聯想到石子路；而隱居山林裡的人，也許會聯想到田野小徑。因此，為了有效溝通並培養表達能力，我們最好用更準確的詞語來替代「平凡」，例如泥濘的道路、筆直的雙向八線車道等。

剔除隱含暴力的語彙

「早挨的打比較輕，由我先來吧。」

每次請學員報告時，總有些人在上台前拋出這句話，我每次都會勸他們不要使用這句俗語。所謂「先挨打比較不痛」或「早挨的打比較輕」，指的是既然早晚都要面對困難和痛苦，不如早點經歷比較好。然而，這句俗諺已不適用於現代社會，因為它來自於舊時代的暴力思維，認為「做錯事就該挨打」。同意打人的行為，就等同於支持暴力社會。此外，挨打其實很痛，這句話毫無邏輯可言，體罰不能帶來任何改變。

精神科專家吳恩瑛在《吳恩瑛的和解》（오은영의 화해）一書中，曾提到她對「愛的鞭笞」這個說法感到不安：

「如果要讓體罰變成『愛的鞭笞』，那麼父母必須在各階段徹底控制和調節自己的情緒。然而，一個人若懂得自我克制，就可以直接用言語來教育孩子。因此，我建議用說教來代替體罰。（中略）有些人主張，挨打時的衝擊能促進人類反省和覺悟。不過，許多人在挨打時只會感到羞恥，甚至被恐懼籠罩。父母或許認為體罰是訓育，但對孩子而言，就只是一段在極端恐懼中發抖的時間。」

與其使用這些俗諺，不如說「我先來吧，這樣心情可以輕鬆一點」、「雖然很緊張，但我打算挑戰看看」，或者「我先試試看」。

此外，朋友之間有時會互相捉弄或開玩笑，而被戲弄的一方，可能會向身材較強壯的朋友抱怨：「你去幫我揍回來。」雖然不是認真的，但這樣的言語代表了個人意識，可能會讓人誤解為支持暴力，或者來自一個將暴力視為理所當然的環境。其次，還有一些行為也應該避免，例如笑著拍打身邊的人，以玩笑為藉口拍打他人的頭部，為了嚇朋友而用拳頭捶打對方的背部或手臂，或是在生氣時一邊舉手作勢打人，一邊嘆氣道：「唉，要不是我忍著……」如今的我們身處在文明社會，這些行為，只會被視為幼稚且無知的表現。

Key Point
守護人格的說話要領

❶ 時間：用正確的時間點取代「本來」這個詞。

❷ 優點：別認為自己有問題、缺點或弱點。

❸ 獨特：「平凡」是因為不打算用心了解。

❹ 言行：拒絕使用隱含暴力的俗諺或言詞。

Action
對自己喊話

❶ 時間：養成說出時間點的習慣，而不是用「本來」這個詞涵蓋。

❷ 問候：「最近過得如何？」

❸ 優點：「我擁有數不盡的優點。」

❹ 獨特：「我是特別的存在，你也一樣。」

第4章

豐富的生活，從日常對話開始

每個行為背後都有其動機，試著傾聽這些故事，然後用同理心來安慰對方。應該反省為什麼身邊的伴侶如此痛苦，而我卻過於疏忽，直到現在才發現。真心誠意地向對方道歉，並且努力去顧及對方的感受。

22 必須知道自己想要什麼

夫妻倆吃完飯後已經過了幾個小時，這天剛好輪到妻子洗碗。

丈夫：該洗碗了吧？

妻子：好啦，我先把手上的工作完成，等等去洗。

丈夫：不是說好吃完就要馬上洗嗎？不然會招來蟲子。

妻子：我知道，但你沒看到我正在工作嗎？

丈夫：剛剛吃完馬上洗不就沒事了。

妻子：我已經說了等等去洗！你如果看不下去，為什麼不自己動手！

到底是誰做錯了呢？是沒馬上洗碗的妻子，還是不懂得察言觀色、嘮叨不斷的丈夫？丈夫希望妻子能改掉拖延家務的習慣，因為他從小就被教導脫鞋後要整齊排好，早上起床必須整理床鋪，吃完飯後也要立刻洗碗。而妻子則恰好相反，不只鞋子亂丟，棉被掉到地上也無所謂，甚至要等到流理台沒有空間時，才會開始主動洗碗。丈夫擔心女兒會學到一樣的習慣。

妻子當初是因為丈夫溫柔體貼，才下定決心和他結婚。婚前丈夫會在她打翻食物時，馬上幫忙擦乾淨；半夜踢棉被時，也會立刻幫她蓋好；若家裡的食材用盡，丈夫也會協助採購，並為她做出美味的料理。不過，婚後過了幾年，丈夫開始事事嘮叨，讓她覺得眼前這個人前後未免差異太大。

無所謂誰對誰錯

兩個人其實都沒有錯，只是各自的期望不同而已。不過，他們並未明確點出自己的期待，反而在生活中互相指責。嘮叨，大多起因於對方的行為與自己的標準不符，或者沒有完成自己認為該做的事，於是只好用碎念來委婉地表達不滿。

「我不是說過垃圾桶滿了就要拿去倒嗎？」

「我說過沖馬桶時要把馬桶蓋蓋上吧？」

「應該放在洗衣籃裡的襪子，怎麼會在桌子底下呢？」

類似的嘮叨，其實是源於「我對、你錯」的思維。因為我是對的，所以你必須無條件配合我——這是多麼自私的要求啊！嚴格來講，家庭規範應該由所有家庭成員一起討論、協商後制定，如此才稱得上合理和公平。若只是單方面要求對方遵守我的規定，就相當於一種強迫。

這種強迫、指責或嘮叨，無法真正改變對方。即使對方回答「我知道了」，勉強付諸行動，也只是為了避免繼續被念，或是希望迴避衝突而做出暫時性應對。若嘮叨的情況不斷反覆，對方也很可能展開攻擊或自我防衛，進而爆發爭執。

「別再念了。」
「我自己會看著辦！」
「一點小事而已，還嘮叨個沒完！」

表達內心的需求與請託

我們之所以嘮叨，並非因為對方做錯了什麼，而是自己的需求未能被滿足。看到流理台堆滿碗盤，內心開始感到不滿，是因為自己想要看到整齊乾淨的廚房，而這個需求未能被滿足。亦即，實際上與對方沒有關聯，而是自己心中長久以來存在著渴望。例如去上司家裡拜訪，看到垃圾桶堆到滿出來，覺得非常反感，馬上就認定他是個不愛乾淨的人。換句話說，我一直以來就很在乎整潔，對類似的情況特別敏感。

因此，以後若對某些情境感到不舒服，別立刻將矛頭指向對方，應該先檢視自己心中的需求。需求就是某種渴望的狀態，當未能獲得滿足時，不妨試著覺察自己的想法、情緒和感受。接著，誠實地向對方表達自身需求，請求對方協助完成。

別一味責怪妻子沒洗碗，應該表達出自己的需求和感受，然後據此提出請求。

「當流理台堆滿碗盤時（現象），我會覺得有點擔心（感受），因為我希望我們的女兒長大後，能成為一個富有責任感的人（需求／渴望）。我認為我們作為父母，應該以身作則，在家的這些小習慣，都足以成為孩子的榜樣（想法）。為了女兒好，以後可不可以盡量展現出負責的一面呢？透過不拖延、立即行動的方式，為孩子做出最好的示範（請求）。」

揭露自己討厭的事物

有些人不善指出討厭的事物，害怕一旦揭露不滿，會讓對方覺得自己很難相處。於是，他們故作寬容、假裝無所謂，對任何事都說「沒問題」、「沒關係」。這類型的人，覺得忍耐就相當於為對方著想，不僅不會破壞關係，也能避免因小事引起摩擦。然而，裝作沒事，不代表真的沒事。隨著時間過去，內心累積的不滿逐漸高漲，他們會開始無故挑剔、發洩情緒，或是在背後抱怨，甚至有可能突然失控暴走。

這樣的行為，並非為了對方著想，只是自己單方面的想法而已。對方是否真的會不高興，只有說出來才會知曉。因此，我們內心真正的想法，很可能是根本不想和對方走得太近。對於親密的朋友，我們通常了解對方的性格，知道他們喜歡或討厭什麼，會努力地互相理解與配合。反之，若選擇隱瞞自己討厭的事物，很可能是有意無意地想劃清界線，不讓自己接近對方，也不讓對方靠近自己。

試著讓自己更坦率一點吧。不過，在指出討厭的事物時，務必要用和緩的語氣說明。

不可或缺的自我理解

如果不夠了解自我，很容易就會指責身邊的人：「你的習慣不好。」有的人不太在意家裡雜亂，垃圾堆積如山也不怎麼管，甚至還會因物品層層堆疊而感到愉悅。雖然看起來不整潔，但他們自有一套整理方法。倘若因這些事而感到鬱悶，有可能是自己在該方面特別敏感，因此，敏感的一方應主動向對方提出請求。

我們常因芝麻蒜皮的小事，就和心愛之人爆發爭執。雖然這些爭吵不至於動搖家庭根基，也不會影響到國家經濟，但是卻會傷害摯愛之人的心。唯有清楚掌握自己在哪方面格外敏感，才會懂得向對方提出請求。反之，如果接受了請求，實際上卻沒能做到，不要只用「抱歉，我忘了洗碗」帶過，應該告訴對方：「對不起，我知道你特別在意這件事，但我不小心忘了。」這麼做，才是真正的互相理解。

為了表達渴望並提出請求，「自我理解」是不可或缺的。我們必須認識自我，了解自己為什麼、從什麼時候開始、有多喜歡或多討厭哪些事物。每個人都有特別的習慣，而這些習慣來自於各種不同的原因，促使我們明確地分出好惡。有時我們會想展現出獨特或古怪的一面，有時則極力掩蓋自己的某些面貌，一輩子都不想被他人發現。為了隱藏這些不同的面向，我們通常會把自己包裝成「普通人」，所以很多時候連自己也不了解自己。唯有承認自己在某方面擁有特殊的習慣或格外敏感，才能進一步請求他人予以理解。

Key Point

表達渴望與請求的方法

❶ 理解：掌握自己喜歡或討厭哪些事物。

❷ 分析：仔細分析自己從何時開始、為何喜歡或討厭這些事物。

❸ 表現：說出自己有哪些需求未能獲得滿足，以及內心有什麼想法。

❹ 請託：請求對方理解自己的感受，並且實際付諸行動。

Action

揭露自己討厭的事物

❶ 理解：詢問自己：「我討厭哪些事物？」

❷ 分析：詢問自己：「我為什麼討厭它？有多討厭？」

❸ 表現：告訴對方：「你做出～行為時，我會有～的感受。」

❹ 請託：告訴對方：「希望你以後能展現出～的一面。」

23

「可能吧」，如魔法般自我提醒的一句話

妻子在整理浴室地板上的頭髮時，生氣地呼喊丈夫：

妻子：不是說好洗完澡後，要清理地上的頭髮嗎？

丈夫：唉喲，幹嘛又因為地上的頭髮小題大作。

妻子：到底要我講幾次，地上的頭髮要清乾淨，為什麼每次都是我在清！

丈夫：有那麼嚴重嗎？我實在不能理解，為什麼那麼生氣？

妻子：我就是不想看到地上都是頭髮，非常討厭！浴室看起來很髒！

丈夫：我知道了。但我不是也說過裝捲筒衛生紙時，拉取的方向要朝外嗎？可是現在方向又反了。

妻子：什麼？前後到底有什麼差別？真的很無言耶！

我們經常因為一些微不足道的小事，與他人激烈地爭論。當憤怒湧上心頭時，就會不斷指責對方，並再三強調「我真的不懂你在想什麼」。此外，我們也會追問「你到底為什麼這樣做」，但這句話的目的，不是打算理解對方，而是想著「看你能給出多荒謬的理由」。當對方掉入陷阱，開始講述

自己的動機時，我們就會抓住對方的語病，嚴厲地批評他邏輯不通、強詞奪理。

每個人都有自己的想法

碰到這種情況，應該盡量提醒自己：「可能吧。」對方的想法，很可能與我大相逕庭，因為我們本就是完全不同的個體。期待對方和我有相同的看法，或是按照我的預期行事，只是我們單方面的想像和奢望。

因為對方和我抱持不一樣的想法，就生氣地表示「無法理解」，其實對雙方沒有任何幫助。首先，我們應該清楚地認知：每個人都和我不同。承認對方與我是不一樣的存在，才會進一步產生「也有可能如你所言」的想法，然後在言語上給予理解。我也經常使用這樣的表現，例如「也可能就像你說的」、「沒錯，你可能會那麼想」，然後再試圖說服對方。

某次在企業裡講課時，有人毫不客氣地提出質疑：

「講話一定要那麼字正腔圓嗎？」

我是主播出身，而且專門教授說話技巧，所以非常重視發音。只要發音不準確，就有可能影響表達能力。當時的我，正好在解釋相關理論，然後帶著四十名員工進行發音練習。然而，該名學員的提問，就像是在質疑我的教學專業，讓我感到非常不悅，甚至湧起一股衝動，想用上百種說法予以反擊。不過，我也馬上意識到每個人的想法不同，於是反問他原因。

「因為感覺很彆扭，看起來也不自然。」

聽完他的回答，其他學員開始默默觀察我的反應。「這是在說我看起來很做作嗎？」即便如此，我還是盡量發揮耐心，勸自己冷靜下來，不將他的提問當作對我的批評，並試著從對方的立場去分析教學內容。在轉換視角後，我立刻就回覆對方：「沒錯，你可能會那麼想」。

「看起來的確會有點彆扭，而且還有些尷尬，畢竟我們之前從沒嘗試過。但有趣的是，這種不自在只會持續幾天，等過一陣子，嘴型就會自然地適應，表達力也會明顯提升。」

聽完我的說明，他開始認真參與發音練習，並且專心地聽完講座。

若當時我為了自我防禦，急著反駁他的質疑，或是用尖銳的言語回擊，情況會如何呢？講座的氛圍大概會急轉直下，變得一團混亂，然後我每次回想起那一天，就會深切地感到後悔和羞愧。但是，我用「沒錯，你可能會那麼想」這句話，認同對方的想法後，他的態度立刻有所轉變，開始願意認真聽我說話。當我們感受到自己被攻擊時，經常會疾言厲色地回應，但對方很可能只是表達方式較為直白，並非真的懷有惡意。

「沒錯，你可能會那麼想」，這句話就如同魔法咒語一般，能讓他人與我站在同一陣線。和陌生人對話，或是在公司裡發生意見衝突時，不妨試試看這句話。只要願意尊重不同的想法，緊張的氛圍就會瞬間緩和下來。

以原本的樣子受到尊重

然而，如果有人不斷要求你解釋自己的行為，以獲取他的「理解」時，就需要保持警戒。這種要求，通常源於認知偏差，亦即「我的想法是對的，你的想法是錯的」。「沒錯，你可能會那麼想」這句話，意在讓彼此學會接納不同的意見，是雙方互相尊重並尋找共識的關鍵。不過，如果只是單方面給予尊重，需要一直解釋自己的行為，那麼這樣的關係顯然已經失衡。若遇到類似的情形，應該停止向對方解釋，然後重新審視彼此的關係。

舉例來說，我在準備播報員考試時，幾乎每天都待在補習班裡。播報員補習班的特色是小班制，每班只有八個學生，大家一起聽課、分組學習，為考試做準備。我們會相約吃飯、練習新聞播報、模擬面試，同學之間關係非常親密。然而，當時交往中的男友，無法理解我的作息，他覺得自己也在電腦補習班上課，但是連同學的名字都叫不出來，質疑我為何與他人來往得如此密切。

為了讓他理解，我解釋了好幾次，也隱約察覺到不對勁。當時二十幾歲的我，先是舉例我十幾歲的學生時期，也與朋友們非常親近，而男友還是無法理解，於是我又追溯到自己的童年時期。不過，事後回想起來，這些已經不是「解釋」，而是一種「辯解」。忽然間，我領悟了一個道理：人並不是一定要被「理解」，而是應該被原原本本地「尊重」。在決定分手時，我向他如此說道：「我不是需要被『理解』的存在，而是應該被如實地『尊重』。奇怪的不是我，而是你。」

若實在無法理解，就當「外國人」看待

嘗試尊重與自己不同想法的人，但若實在無法理解，把對方當成「外國人」也是一種方法。我們經常因為和家人、伴侶同住一個屋簷下，或者一起度過了很長時間，就相信他們是最了解自己的人，

甚至將其視為共同體。因此，我們會自以為「講到這裡，他應該就懂了吧」，直到對方的行為背離期待，才感到失望和難過。換句話說，我們沒有把對方視為「獨立的個體」，於是暗自期盼他們和自己想法一致，朝相同的未來前進，但現實卻不如所願。

我也曾經如此。不過，在遇見某位僑胞學生後，想法徹底翻轉。那位學生從小生活在美國，直到三十二歲時回到韓國出差，才第一次學習韓語。他的外表和韓國人無異，但內心卻是百分百的美國人。受到外貌影響，我總是忘記他身為「外國人」的事實。有一次，他問我「為什麼韓國人如此害怕公開發表？」，我才突然意識到：「啊，沒錯，他是美國人啊！」當我逐漸接納、認同彼此的差異，對待他的態度也愈來愈寬容。

後來，我領悟到人們之所以互相指責，最大的原因就在於外表看起來相似。韓國人都有著相近的膚色和體型，經歷相同的文化，教育水準與生活方式亦相仿。因此，我們會下意識地認為彼此的想法一樣，只要出現一點點分歧，就容易演變成嚴重的爭執。換句話說，在外貌相似的狀況下，我們難以接受彼此的想法南轅北轍。

不過，就算外表看起來相似、使用相同的語言，也別忘了每個人都有不同的視角。出國時，我們會遇到膚色和體型明顯不同的其他族群，自然而然意識到彼此的差異，並接納對方的飲食習慣、文化、語言或肢體動作。就算對方做出一些特異的行為，我們也只會覺得「因為是外國人」，然後輕輕地放下。對待身邊親近之人，不妨也採用這種寬容的態度吧。倘若對方聽不懂我們的意思，就像面對外國人一樣，再清楚地解釋一次就好。

Key Point

應對難懂之人的訣竅

1. 差異：認知每個人都存有差異。
2. 想法：提醒自己「他有可能那麼想」，因為對方和我是不一樣的存在。
3. 他人：意識到對方和我是完全不同的個體。
4. 理解：更加親切地解釋，讓對方足以理解我的語言。

Action

面對差異甚大的對象

1. 差異：「他和我理所當然是不同的個體。」
2. 想法：「他有可能那麼想！」
3. 他人：「是外國人呢！」
4. 理解：「再仔細說明看看，讓他理解我想表達的內容。」

24 像朋友一樣和家人對話

父母對成年的子女愈來愈不了解，於是，雙方的對話開始流於空洞。

媽媽：最近公司還好嗎？

兒子：嗯，都差不多。

媽媽：那就好。有按時吃飯吧？別讓自己餓肚子。

兒子：當然，就是吃太多才煩惱，你看我的肚子都凸出來了。

媽媽：還是要好好照顧自己。

兒子：知道了，你別擔心。最近身體沒有哪裡不舒服吧？

我曾經和六十多歲的學員們，以對話技巧為主題展開研習。在課堂上，某位女士提到她有一名三十多歲的兒子，兩人總是找不到話題，讓她非常苦惱。見面時，他們通常會一起吃飯，閒話家常後就開始看電視，接著兒子就返回自己的住處。若她詢問兒子從事什麼工作，聽到的回答永遠只有公司名稱。

「我都不知道兒子究竟在做什麼工作。現在想想，我發現自己對兒子的了解很有限，他成年之後，就不再和我商量任何事。可能是覺得我聽不懂，所以乾脆不聊吧。」

把父母變成朋友

孩子年幼時，父母是最好的聊天對象，只要遇到新奇的事物，孩子就會不停地向父母提問，每天期盼著父母儘快下班回家。童年時期，父母是孩子在世上最親密的連結。然而，隨著孩子漸漸長大，父母的位置開始被朋友或伴侶取代，甚至保有一些父母難以得知的祕密。接著，在孩子找到工作獨立，成為真正的大人時，父母的位置僅剩下形式上的存在。孩子為了表現孝心，偶爾會在週末抽空回家探望父母，或者在節假日時問候致意，參與家庭聚會。從表面上來看，家庭似乎一片和樂，但實際上彼此缺乏真正的了解。家人們一起吃飯、同住和旅行，卻不曾有過深入的對話。

媽媽做什麼事情時最享受？爸爸這輩子最開心的一天在什麼時候？父母最喜歡什麼樣的飲食？最近習慣哼唱什麼歌曲？經常為哪些事感到煩惱？跟哪位鄰居最要好？通常聊些什麼話題？喜歡看什麼電視節目？最近什麼時候感受到了幸福？上一次流淚是什麼時候？這些問題，你都答得出來嗎？

從現在起，試著把父母變成自己的朋友吧！假如你已超過三十歲，就更適合這麼做。和父母對話時，別再用過於拘謹的語氣，不如像和朋友相處一般，帶點活潑調皮的口吻。放下「說了他們也聽不懂」的成見，先從詳細解釋自己的工作開始；倘若父母能理解你的工作內容與型態，彼此就能進一步分享心事。

心中如果有煩惱，別害怕父母聽了之後會擔憂，試著向他們敞開心扉吧。父母比我們想像的要堅強，就像我們比父母預期的還要更加強韌。與父母聊天時，可以像和朋友分享心事一般，充分地表達完後，再聽聽他們的建議。父母擁有累積多年的經驗與智慧，往往能揪出我們未曾注意的盲點，並給出具有建設性的意見。或許有時難免嘮叨，但我們只要挑重點聽取即可。

家人是最棒的聊天對象

二十多歲時，和父母相處的時間雖然很長，但我不怎麼向他們吐露煩惱。直到開始創業後，才渴望與父母進行更深入的對話，並希望我們的關係變得更加親密，只要遇到煩惱就可以提出來討論。

我仔細地向父母說明我的事業：提升韓國國民的表達能力，夢想打造出一個人人都能暢所欲言、充滿溫暖的世界，並且將課程內容輸出到全世界，創立一間大型國際企業。我在電話中或見面時與父母聊這些話題，甚至邀請他們來參觀我的辦公室，就像招待朋友們一樣毫無距離。如今，父母完全理解我的工作，更訂閱了我的YouTube、TikTok、IG等各種社群媒體——是我親自協助下載，並教會他們如何使用。此外，父母也會觀看我上傳到平台的課程，很清楚我在哪些企業舉辦什麼樣的講座。

自從和父母開始像朋友一樣交流，我的溝通能力大幅提升，不僅理解的範圍更廣，心中的隔閡也逐漸消失，對話變得更加愉快。當然，有些人早早就失去雙親，或者覺得脫離父母的生活更加自在。若屬於這種情況，不妨試著站在朋友的角度，與如父如母的兄弟姊妹、親戚或鄰里長輩相處吧！

無話可談的夫妻

丈夫：我真的不懂太太在想什麼。
朋友：怎麼了？發生什麼事？
丈夫：孩子不吃飯的話，不就要餵他嗎？但她直接撒手不管。
朋友：為什麼？
丈夫：我也不知道，到底為什麼放著不管呢？像是孩子一定都不吃藥啊，但她也不餵！
朋友：怎麼會這樣？
丈夫：就是說啊，我也完全不能理解，真是快煩死了。

這是我在某個夫妻諮商節目看到的場面，印象非常深刻。夫妻雙方因為孩子的教育問題產生矛盾，妻子原本想等丈夫回家後坐下來溝通，但丈夫卻和朋友喝得爛醉如泥，根本無法對話。整個過程讓我看了很鬱悶，如果不理解妻子的想法，不是應該詢問本人才對嗎？為什麼反而去問不了解情況的朋友呢？

有些夫妻覺得只要對話就會吵架，所以乾脆保持沉默，每當碰到重要的事物需要決定，才勉強透過電話或訊息溝通。在同一個節目裡，就有一對夫妻透露，彼此已整整有五年的時間都只靠訊息對話，這項事實讓人備受衝擊。他們之所以這麼做，原因就在於只要一開口，雙方就會爆發衝突，所以最後選擇了沉默。前文雖然提及傾聽時需要保持沉默，但這種沉默卻完全不同。為了傾聽而保持沉默，有利於維繫關係；為了逃避而保持沉默，只會讓關係降到冰點。

若無法理解對方的行為，直接詢問當事人是最好的方法。對於因愛而結合的伴侶，沒必要好面子逞強，或者一味堅持自己的主張，應該主動打開對話的途徑。溝通時，切記不要責備對方或追究責任，而是要以同理心給予共鳴。

「我是真的想進一步了解你，可以告訴我哪一點讓你覺得難受嗎？小時候的你是怎麼吃飯的呢？」

「我好想給小時候的你一個擁抱，一定很難過吧。謝謝你告訴我這些。」

每個行為背後都有其動機，試著傾聽這些故事，然後用同理心來安慰對方。把心愛之人當作珍貴的朋友，不要指責對方輕視自己，或者性格過於敏感、亂發脾氣，應該反省為什麼身邊的伴侶如此痛苦，而我卻過於疏忽，直到現在才發現。接著，真心誠意地向對方道歉，並且努力去顧及對方的感受。

Key Point

和家人變成朋友的方法

❶ 語氣：對話時，語氣別過度拘謹。

❷ 親密：像朋友一樣對待家人。

❸ 玩樂：無聊時，就像聯絡朋友一樣和家人聯絡。

❹ 道歉：向沉默的家人表達歉意，並試圖進行對話。

Action

與家人像朋友一樣相處

❶ 語氣：「媽媽，妳今天晚上要幹嘛？」

❷ 親密：「爸爸，你要不要跟我一起去看電影？」

❸ 玩樂：「我想看電影，一起去嘛！」

❹ 道歉：「我不知道你這麼難受，對不起。」

25 不期不待，不受傷害

乙雖然很想參加朋友的聚會，但這次依舊與其他行程重疊，無法出席。朋友在對話中流露出遺憾。

甲：這次還是不能來嗎？
乙：對不起，我真的很想去，但日程老是重疊。
甲：真的那麼忙嗎？工作結束後也不能來嗎？
乙：有點困難，因為我也不知道幾點可以結束。
甲：沒說的話，還以為你一個人工作全包呢。
乙：對不起，請幫我向其他人問好。

甲因為感到遺憾，所以話語中總是帶著刺。「這次『也』不能來嗎？」他一邊確認，一邊重提乙上次也缺席了聚會，讓對方感到更加地內疚。此外，「真的那麼忙嗎？工作結束後也不能來嗎？」，顯示出對朋友的不諒解。而乙因為陷於愧疚之中，愈解釋愈覺得自己像在找藉口。

就像這樣，愈是親密的關係，有時愈容易感到失望或不是滋味。當我的付出沒有獲得適當的回應，該怎麼做才能維持良好的關係呢？

擺臉色的人VS.狂道歉的人

在某些關係中，可以明確地區分「擺臉色的人」和「狂道歉的人」。前者經常把這些話掛在嘴邊：

「最近很忙嗎？該聯絡一下了吧。」

「你都不想我嗎？」

「工作有那麼重要嗎？你沒來，大家都覺得很可惜。」

而「狂道歉的人」，則經常這麼說：

「對不起，這次也沒辦法去，日程每次都撞在一起。」

「最近公司的氣氛不太好，又突然多了急件……。」

「擺臉色」和「狂道歉」的關係，很可能不是真的喜歡或珍惜對方。若打從心底顧惜朋友，當對方忙碌時，首先湧起的情緒應該是擔心。例如對方是否有按時吃飯、有沒有記得補充營養品、身體是否過度疲憊等，這是把朋友當作家人般珍惜時，自然而然會有的關心。如同看到伴侶累得倒頭就睡，內心會忍不住感到心疼；看見家人早上匆匆忙忙地出門，會希望他們多吃一口早餐。

試著把對方當成家人看待吧。在一段正常的關係裡，當父母、伴侶或子女因為工作忙得不可開交時，我們想的是「自己能不能幫上忙」，而不是質疑對方「為什麼裝忙」。無論生活有多忙碌，我們都會希望對方注意健康，為他們加油打氣，甚至還會在旁人面前不經意地炫耀。因為看見家人工作能力出色，在職場上受到肯定，心中自然會跟著感到驕傲。

朋友之間沒有責任和義務

通常只有在面對「外人」時，才會擺臉色質問「是不是真的很忙」。亦即，沒有把對方當成朋友，才會隨意地埋怨或挑剔。因此，你沒有必要陷入愧疚，實際上也沒有做錯什麼，並不是你讓朋友感到失望，而是事情未能按照他的心意發展，所以他反過來用言語刺激你。而且就算你沒有參加聚會，對方還是會在聚會上玩得很開心。換句話說，若對方視你為至交，你無法赴約時，應該把聚會改到其他時間，但他們既然按照原定的時間和地點見面，就代表你的缺席，對他們來說並無太大的影響。

別一味地感到抱歉，朋友之間沒有所謂的責任與義務。在職場上，若沒有履行個人職責，的確就是失職，必須道歉並加以改進，因為雙方是以薪資為基礎的利益關係。不過，**「朋友」的關係是建立在情誼上，應該格外地珍惜且互相關懷**。追根究柢，無法見面的原因，不是因為其中一方過於忙碌，而是雙方都不夠關心和在乎彼此。

假如真心想和朋友見面，可以主動去找對方，例如到公司附近和他好好吃頓飯，或者到朋友家附近的超商或咖啡廳，一起喝杯飲料，短暫地見個面、聊聊天。此外，也可以將聚會地點安排在朋友的公司附近，讓他加班結束後，還能抽空與大家見個面。在無法相聚的期間，則互相關心對方的近況，這才是友誼真正該有的模樣。

所謂的至交好友

情誼深厚的朋友，不會因為無法見面，就在內心感到愧疚或失望。因為彼此心中都很清楚對方有多想見面，也充分理解對方的處境。即使現在無法相聚，未來也總能找到合適的機會。假如你真的珍惜這段友情、真心喜歡這位朋友，那麼就要試著改變自己的態度——不是因為朋友忙碌而無法見面，而是你不曾努力去配合對方的時間。只要承認這一點，內心的失落感自然煙消雲散。

有些人習慣性說出帶有攻擊性的話，他們經常指責朋友，讓對方成為做錯事的一方。舉例來說，「你都不想我嗎？」這句話，是在責怪朋友疏於聯絡，自己對此感到失望。不過，若本人也意識到自己沒有努力，才導致雙方難以見面，就不會說出類似的言語。換言之，若察覺到這一點，就應該告訴朋友：「好久不見，今天突然想到你，所以特地聯絡看看。最近過得好嗎？」以此來表達關懷。即使分隔兩地，心意也能順利傳遞出去。

有時我們會因表達能力不夠好，不自覺地說出帶刺的言語。然而，在對話時，應該盡量避免使用負面語句，例如：

「你有那麼忙嗎？」

這句話，就像是一刀快速砍向對方，令人備感不適。說話時若充滿負能量，對方的壓力值會不斷上升，最後選擇與你拉開距離。在這個世界上，沒有哪一種關係可以靠罪惡感來維繫；如果想與對方保持良好的友誼，在說出負面的言語之前，最好先停下來思考，反省自己的態度。

直率地表達心聲

「為什麼總是我要配合對方呢？」出現這樣的念頭時，最好的解決方法，就是主動向對方坦白自己的心情。在對朋友說出「你為什麼那麼忙？」之類的話前，必須先正視自己對朋友產生的情緒。或許是看著朋友日漸忙碌，覺得兩人的關係開始疏遠，自己因為被冷落而感到難過；或許是害怕長此以往，彼此的友誼會出現裂痕；或許是希望朋友能在我遇到煩惱時給予陪伴，但兩人無法見面，於是內心忍不住失落。類似的心境，都可以如實傳達給對方，千萬別在朋友不知情的狀況下，就貿然地加以指責。試著這樣表達吧：

「我很想你，但又怕打擾到你忙碌的生活，所以一直不敢跟你聯絡。其實我最近有些煩惱，事情不順心，很想和你聊聊天。雖然現在只能用訊息表達，但說出來後，我的心裡舒服了不少。」

「看著你愈來愈忙，有點擔心我們的關係會不會變得疏遠。真的很希望我們可以像現在這樣，一起吃到老、玩到老！好想你啊，我的朋友！」

「你因為工作忙而無法赴約，但我卻一個人胡思亂想，以為你在疏遠我，所以覺得有點難過。」

假如你如實表達了自己的心意，但對方卻沒有真心給予共鳴，反而漸漸疏遠的話，那麼就別再為了挽回友誼而耗費心神。人生在世，有些情誼如流星轉瞬即逝，有些關係則會隨著時間逐漸淡去。

當然，對方也很可能是因為目前專注於其他事物，實在抽不出時間，或者正經歷難以言喻的痛苦。如果是這種情況，只要記住一點：若彼此的心意還在，無論過了多久，都可以重新相連。

「最近過得好嗎？這段時間工作太忙，沒能和你聯絡。我們見個面吧，你什麼時候有空？」

簡單的幾句話，就足以打破數十年的空白，這便是所謂的「友情」。

Key Point

不對朋友感到失望的方法

❶ 聯絡：主動聯絡想見面的朋友。

❷ 付出：有來有往是所謂的利益關係，朋友之間應該只有付出。

❸ 直率：假如內心感到不是滋味，在指責對方之前，先回顧一下自己的情緒。

❹ 友情：真正深厚的友情不會淡化，別對此過於焦慮。

Action

對於無法經常見面的朋友

❶ 對象：回想看看朋友的模樣。

❷ 期盼：寫下對朋友目前生活的祝福與期盼。

❸ 直率：坦白告訴對方無法見面的這段時間，內心有多麼地想念。

❹ 聯絡：表達對朋友的深切思念。

26 面對約定的態度

雖然和朋友們約好了見面，但隨著日期愈來愈近，內心開始抗拒赴約。

我：真的很抱歉，我明天不能去了。有件工作必須在明晚之前完成，但我到現在還沒收尾。

甲：什麼啊，一個月前就已經約好了，乙還特地請了假。

乙：嗚嗚，那也沒辦法，只能下次見了。

我：對不起，我上週身體不舒服，工作進度落後了。你們兩個先去玩吧！

乙：所以說健康真的很重要，好好保重身體！

甲：要見妳一面還真難啊。

有時候和朋友約好，又會突然覺得不想去。某些人將這種行為歸咎於內向的性格，認為自己更喜歡待在家裡，甚於與朋友們相聚。不過，這真的只是因為性格嗎？我雖然解釋自己是因為工作而無法赴約，但說實話那只是藉口。假如真的想和朋友見面，我會馬上安排下一次的聚會，但我並沒有那麼做。有些朋友讓人想經常約出來見面，有些朋友又會讓人抗拒赴約，這到底是為什麼呢？

某一次，乙曾經對我說：「妳不是做不到嗎？」隨著時間流逝，這句話讓我愈想愈不舒服，有種被輕視的感覺，於是開始不想和他見面。其他朋友在不知情的狀況下，提議大家一起聚會，而我也沒什麼理由拒絕，只好勉強先答應。不過，臨近約定日期時，內心的抗拒感逐漸加重，以至於完全不想赴約。你是否也有過類似的經驗呢？為什麼我們明明已經約好，事到臨頭又想取消？

抗拒和某人見面時

我們知道推遲或取消約定是不禮貌的行為，而且很可能對關係產生不良影響。然而，即使明白我們還是選擇這麼做，與其說是性格使然，倒不如說是某個人讓我感到不自在。因為心生怨懟，沒自信假裝若無其事，或不想讓對方看到自己耿耿於懷的模樣，所以才會在答應邀約後又突然反悔。

那麼，不見這個朋友就是解決之道嗎？我得出的結論是，先覺察自己的心，再去考慮與朋友的關係。我的心雖然受了傷，但這並非朋友的錯；他的話雖然刺激到我心底的創傷，但這道傷口並非朋友所造成。我總是期望家人和朋友能全心全意地支持我，相信我的能力和潛力。然而，「妳不是做不到嗎？」這句話，聽起來就像是「我不相信妳」，對我來說等同於失去了信任，內心相當難受。

當我找到原因後，就開始思考該如何處理兩人之間的關係。朋友真的看輕我嗎？我不確定，或許是，又或許不是。我一定要獲得他的認可嗎？好像沒有必要，因為相信我、支持我的人很多，且最重要的是，我願意相信自己。能不能無視這句話？可以，因為它還不足以擊垮我的自信。那麼，內心的創傷會因此惡化嗎？不會，我依舊安然無恙。以後真的不想再見這位朋友了嗎？不！對方有許多值得學習的優點，而且我們一起累積了無數的美好回憶。

我以客觀的角度捫心自問，發現自己其實很珍惜、也很喜歡那位朋友。當時的我心底仍有未癒合的傷口，而朋友正好戳中了我的痛處，於是我開始排斥與他見面。所幸，在我退一步審視自己時，發覺其實是我不夠相信自己，才會被對方的話影響。經過這番省思，過去脆弱的自我在不知不覺間變得堅強，而我也因此保住了珍貴的友誼。假如你也有不想見的朋友，不妨先檢視一下自己的心，然後向自我提問。如此一來，日後就能以更成熟的態度去面對關係，不再因類似的話感到心傷。

對某個人心生怨懟，就是需要自我回顧的信號。抗拒與對方見面，情緒的背後一定藏有原因。這時，我們必須釐清情感來源，否則類似的負面情緒，會在與他人相處時再度出現。若想建立和諧的人際關係，首要之務就是掌握自己的心。

儘可能遵守約定

取消約定時，對方很可能會誤解你不重視兩人的關係，因為在社交生活中，我們往往能嚴守各種類型的約定。除了公司規定的上班時間，在與客戶見面或者和公司高層開會時，我們甚至會提前三十分鐘或一小時到現場準備。與工作有關的場合，我們明明能感受到約定的重要性，但在私交場合，卻輕易地取消或推遲，這種標準不一的行為，很容易讓對方覺得你看輕彼此的關係。

若反覆地取消約定，原本珍貴的友誼，有可能變得愈來愈疏遠。我們必須檢視一下人生的優先順序，細究工作賺錢的目的，是希望和自己珍視的對象過上幸福的生活。因此，無論是安排或取消約定，都務必慎重地考慮。

如果用遵守公司規章的態度，來看待與重要之人的約定呢？就像不能任意更改上班時間，必須準時到公司一樣，平時也應該嚴守和家人或朋友約定的時間。此外，如同在公司遲到或更改會議時間，必須詳細說明理由一般，面對家人或朋友也應該比照辦理。別只用一句「不好意思」草草帶過，在家庭聚會上遲到，也要像在公司一樣正式且真誠地道歉。或許你會質疑：「這樣生活不是太累了嗎？」既然如此，平時就要更加謹慎，別隨意與人立下約定。

所謂的熱情待人

若想與家人、朋友或互動良好之人相處得更加融洽，最好的方法就是時刻保持笑容，也就是所謂的「熱情」。戴爾·卡內基在《人性的弱點》（*How to Win Friends and Influence People*）中指出，如果想走到哪裡都受人歡迎，可以向狗狗學習——狗狗只要看到主人，就會開心地搖尾巴。如果在過馬路前已看到朋友，別只顧著低頭滑手機，不妨像狗狗表示歡迎時一樣，熱情地對朋友揮揮手吧。

與朋友約在咖啡廳見面，若我們提前抵達，通常會坐在位置上等朋友來會合。現在，不妨換個方式，像第一次見面一樣，熱情地站起來迎接對方。與其面無表情或舉止尷尬，不如露出開心、爽朗的笑容，或者根據對象不同，也可以拍拍對方的肩膀表示「很高興見到你」，積極表達內心的歡喜。

對於珍視的對象或親密關係，請多用充滿愛意的眼神交流，並增進與對方的肢體接觸。表現得愈熱情，對方就愈會想和你見面。

Key Point

以守信的態度維持良好關係

❶ 慎重：在安排或取消約定時務必慎重。

❷ 負責：儘可能地遵守約定。

❸ 家人：像遵守公司規定一樣，重視與家人之間的約定。

❹ 熱情：見面時積極表達內心的喜悅。

Action

如果有不想見面的朋友

❶ 信號：誠實地面對朋友引起的不適情緒。

❷ 內心：客觀地問問自己，為什麼不想與朋友見面。

❸ 慎重：對於無法遵守的約定別輕易答應。

❹ 道歉：爽約時，一定要仔細向對方說明理由。

27 適時適地的應變能力

在我們身邊，有些人處事圓滑，有些人則是不懂得察言觀色。這兩種類型的差別，就在於是否具備「敏感度」（Sense）。所謂的「敏感度」，指的是對事物或現象的感知與判斷能力。

具備「敏感度」的人，無論走到哪裡都受歡迎，而且能讓人留下良好的印象。他們眼光敏銳，善於判斷情勢，並適時採取行動。反之，缺乏敏感度的人總是落後一步，只能站在一旁發呆，即便有過多次類似的經驗，也很難馬上培養出敏銳的眼力和行動力。接下來，就讓我們一起看看要如何依據時間與場合表現出機智的言行。試著掌握這些方法，在生活中常見的情境裡加以活用吧。

到他人家中拜訪時

到他人家中拜訪，手上記得要帶些禮物，就算對方說「空手來就好」，也別真的毫無準備。懂得帶禮物的人，會和空手拜訪之人形成鮮明的對比，這是無可否認的現實和人性。如同我也是在成為講師後，才明白小時候老師為什麼偏愛成績好或用功的學生。拜訪他人時，建議選擇一些符合主人喜好的小禮物，或者帶些健康食品和茶點聊表心意。

禮物不必太昂貴，建議控制在三萬韓幣（約新台幣八百元）以下，只要在自己的能力範圍內即可。過於昂貴的禮物，反而會讓雙方感受到壓力，不妨帶一些可以分享的甜食，減輕主人準備餐點的負擔。最近市面上有許多以健康食材製作的蛋糕和餅乾，假如沒有時間親自去買，也可以透過外送平台事先訂購。見到主人後，應第一時間把禮物交給對方，然後詢問洗手間的位置，把手清洗乾淨。在他人家裡，注重衛生是非常重要的細節。

飲食通常是由主人準備，而作為客人接受對方的招待，應該在吃完後幫忙洗碗；點外送一起享用時，也必須協助收拾善後。即使對方表示「沒關係，放著就好」，還是要盡量積極主動，告訴對方：「我來洗吧，這樣我會比較自在。」如果主人再一次婉拒，說：「沒關係，家裡有洗碗機，不用這麼麻煩」，你可以回答：「那我簡單沖洗一下，先把碗盤泡在水裡。」

千萬別覺得「對方應該有自己的清理方式吧」、「反正有洗碗機」、「我在家都不洗碗了，來這裡為什麼要幫忙」，有敏感度的人，通常會迅速起身協助，減輕主人的負擔。主人之所以推辭，是因為不好意思麻煩客人，或者覺得自己洗會更乾淨，但內心肯定歡迎客人主動幫忙。即使對方有嚴重的潔癖，最後還是要自己重新洗一次，但有人先整理過，處理起來總是比較輕鬆。假如主人連續三次婉拒，依然不要輕易放棄，直到對方拒絕第四次，才可以確定是真的不需要幫忙，此時就不必再堅持。總之，至少嘗試三次，才算是有禮的表現。

離開他人家時，記得把垃圾一起帶走。聚會結束後，家裡通常會有不少需要整理的地方。聚會時人多，吃的東西也多，不只餐具用量增加，還會在各處留下食物殘渣或零食碎屑，必須花時間仔細清理。此外，聚會結束後，也會產生相當多的垃圾。有些社區可以每天清倒，有些只能在特定的日期丟棄，性格敏銳的人會發現這些細節，主動把垃圾帶走。因為他們很清楚，打掃完後，還要把垃圾分成回收、一般和廚餘，是件非常繁瑣的工作。

就算主人客氣地推辭：「唉呀，何必把垃圾帶走，交給我就好了。」也一定要堅守立場。不妨告訴對方：「我來處理吧，至少讓我幫點忙。」藉此表達珍惜對方的心意。

面對婚喪喜慶的禮儀

收到婚禮邀請時，建議提早三十分鐘抵達。結婚是新人一生中重要的喜事之一，就像參加公司會議必須提早準備一樣，應該提前抵達婚宴會館，表達對新人的重視。在婚禮開始前，可以到休息室和新郎、新娘聊天，送上誠摯的祝福，切記不要只露個面就離開，或是急著跑去用餐，應該待到典禮流程結束，參與親友的合照。身為播報員的我，曾數十次在朋友的婚禮上擔任司儀，有些新人會擔心賓客過多，但大部分的新人，其實是擔心賓客太少。站在司儀台上，賓客座無虛席的場面，遠勝過仍餘留零零星星的空位。喜悅會因分享而倍增，參加婚禮時，盡量找個位置坐下；假如座位已滿，可以站在靠近門口的地方。

至於禮金，不要給得太過小氣。不必事先和朋友討論包多少，應該根據自己的能力，帶著誠意給予祝福。人生中能用現金向朋友表達祝賀的場合，大概也只有婚禮和孩子的周歲宴。二十多歲時，我的經濟不算寬裕，但我特別為婚喪喜慶開設了一個帳戶，每月存入二十萬韓幣（約新台幣六千元）。

如此一來，出席類似的場合時，就不必從薪水額外支出，可以從該帳戶提取，輕鬆地把心意傳達給朋友。

接到訃聞時，應立刻前往弔唁，儘可能排除萬難地趕到。在韓國，假如是親近的朋友，建議在靈堂守喪期間每天前往，並在出殯當天陪伴到最後。對於摯友父母的喪禮，我總是會陪伴到出殯為止。我無法真正體會朋友的悲痛，唯一能做的，就是守在他們身邊。友人在喪禮結束後，不斷對我表達感謝，但其實我更感激擁有這些至交好友。

走完喪禮流程，也別忘了持續關心朋友的狀況。雖然他們看起來堅強，嘴上說著：「久病臥床，早有心理準備」、「我沒事」，但悲傷總會在不經意時突然襲來。與其壓抑情感，不如幫助他們充分哀悼。若無法親自前往靈堂弔唁，也要發送簡訊表達哀悼之意；就算很晚才得知消息，也別裝作不知情，務必送上安慰的話語。

「哀悼」是我們適當發洩情緒的過程，能讓我們減輕痛苦，獲得力量以撐過新的一天。江北三星醫院精神科的趙成俊教授，曾在一檔廣播節目中，分享了表達哀悼時需注意的措辭。

像是避免使用「他去了更好的地方」、「在安穩的地方長眠」等老套又空泛的說法，或是「你不是還有其他家人嗎」之類的話。此外，也不要將對方強行推入某種角色，例如「你一定要努力克服」、「你做得很好」、「現在你是這個家的支柱」等，這些話會給對方造成極大的壓力。最後，趙教授也提到，切勿建議當事人以替代的方式來彌補失去，例如「再生一個孩子吧」、「重新找個伴吧」等，這些都是不適合的說法。

當被問到是否有「模範答案」時，趙教授回答：「其實我不會說太多話，通常只是獻花、拈香，然後誠心為亡者祈福。我傾向陪喪主守在靈堂，和對方聊些日常話題，聆聽他們的故事。」

如果身邊有人失去了寵物，也請主動送上安慰。對這些人來說，失去寵物和失去家人沒有區別，其中的喪失感一樣令人難以承受。由於有些人沒養寵物，或者無法理解失去寵物的痛苦，所以面臨離別的主人們，通常不敢在外人面前表現出內心的悲傷。高麗大學安岩醫院精神科教授趙哲鉉，就曾在媒體上提及此一現象：

「當如同家人般的寵物去世時，人們會經歷悲傷、失落和痛苦，被稱為『喪失寵物症候群』（Pet Loss Syndrome）。（中略）周圍的人即使無法完全理解這種悲傷，也應該將其視為失去家人般的痛苦，不吝惜地給予安慰。此外，亦要避免提出無禮的建議，例如『只不過是動物而已，為什麼要那麼難過』、『再養一隻就好了』等。我們應該具有同理心，理解並認可對方正在經歷失去的悲傷。」

附帶一提，在韓國，參加喪禮時，應穿著黑色服飾，且盡量選擇長袖上衣和長褲。即使碰到夏天，也要穿著黑色襪子以示禮節。在靈堂入口處，先在提名簿上簽名，然後將奠儀交給負責人或投進奠儀箱。接著，向喪家輕輕點頭致意，或者微微鞠躬。在靈堂內，面對故人遺照時，可以選擇獻花或上香。獻花時，利用靈堂內備好的菊花，將花朵朝向遺照擺放；上香時，則利用桌上的香燭點燃線香，再將升起白煙的香插進香爐。倘若點香的過程火焰過大，請勿用嘴吹熄，應該用手輕揮使其熄滅。立於遺照前時，可以行兩次跪拜禮，或者低頭默禱，根據自己的信仰方式選擇即可。接著，與喪家互相行一次跪拜禮，或者點頭致意，並簡短地說句慰問的話，例如「節哀順變」、「保重身體」等。

Key Point

適時適地的應對之道

❶ 禮物：受邀至他人家中作客時，記得準備一些小禮物。

❷ 清掃：洗碗和垃圾分類應該由客人負責。

❸ 婚禮：提前三十分鐘抵達會場表達祝賀，並且觀禮到最後。

❹ 喪禮：儘快出發前往弔唁，並留在靈堂給予陪伴。

Action

說話和行動時懂得見機行事

❶ 活力：「謝謝你邀請我來作客。」

❷ 禮物：「我帶了一點小禮物，這個感覺很適合你。」

❸ 清掃：「讓我來吧，這樣我會比較自在。」

❹ 哀悼：關心失去摯愛的朋友，讓他們得以抒發哀傷的情緒。

第5章

工作能力強的人，說話的態度也與眾不同

如果想說服某人，就必須提及對方想要的事物，從對方的角度來講述自己的需求。對方需要什麼？怎樣才能讓他產生合作的意願？我能為對方提供什麼？試著站在對方的立場上思考。

28 尷尬的關係就坦然面對吧

某個人走到公司的休息區泡咖啡，沒想到正好遇見不太熟的前輩。

後輩：你好。

前輩：啊，你好！

後輩：……（尷尬的沉默）。

如果你是後輩，在這種情況下會說什麼？當事人沒有說半句話，而且在前輩準備離開時，他還緊緊貼著牆壁讓路，盡量與對方保持距離。平時的他屬於話少的類型，主要利用電腦工作，一天內的說話量大概可以用一隻手數出來，有時甚至整天連一句話也不說。

尷尬在所難免

有些人難以面對尷尬的氛圍，只要遇到陌生人或不太熟的對象，就會覺得無所適從，想不出有什麼話可聊。因此，他們經常迴避陌生的聚會，或者為了打破僵局而喋喋不休，最後才後悔自己講了些不必要的話。然而，有些人即使身處尷尬的情境，也能表現得落落大方、侃侃而談，他們究竟是怎麼做到的呢？

其實，只要坦然面對尷尬就好。初次見面或不熟悉的人之間感到尷尬，是一種非常自然的現象，而且本來就很難找到話題。朋友之間彼此互相了解，但對於陌生人我們知之甚少，因此不知道如何與對方攀談。面對這種情況，不必煩惱該聊些什麼，與其冒著失言的風險絮絮叨叨，不如保持沉默還比較好。

尷尬時，沒有必要假裝不尷尬，隱藏情緒就像忍住噴嚏一樣困難。我們之所以想遮掩尷尬，是因為怕對方覺得不自在，但實際上我們不用感到抱歉——讓人感到彆扭的不是人，而是情境。

這時，我們需要的是一顆真誠且愉快的心，亦即「雖然有點難為情，但很高興見到你」。只要不是遇見討厭的人，就不必因為尷尬而覺得不自在。如果自己先感到彆扭，這種情緒會在開口打招呼時顯露無遺，因為聲音和語氣都會自然而然地下沉。如此一來，對方很容易產生誤解，覺得你不高興或不怎麼熱情。**從現在起，不妨反其道而行吧！面帶微笑、語氣上揚，親切地向對方打招呼，傳達出「很高興遇見你」的訊息**。

碰到尷尬的對象，聊什麼才好呢？

有位女性正開車載著外國人前往首爾，途中不曉得應該聊些什麼話題。

女性：你是第一次來韓國嗎？
外國人：對啊，這是第一次，很期待造訪首爾。
女性：你有特別想去的地方嗎？
外國人：嗯……我打算結束工作後，傍晚時再慢慢地找。
女性：來的路上累不累？
外國人：還好，因為我經常出差。

為了化解尷尬，女性試著提出幾個問題。在提問的同時，腦海裡也繼續在想下一題要問什麼，但總是找不到合適的話題。對方遠道而來，她覺得自己應該主動搭話，可是兩人的對話卻不是很順利。之所以變得尷尬，最關鍵的原因就在於她沒有認真聽對方說話。在對話的過程裡，如果急於思考下一道提問，就聽不見對方到底回答了什麼，因為注意力全集中在自己的思緒上。唯有全心全意投入對話，才能自然地找到下一個話題，讓彼此的互動更加順暢。

與其努力尋找對話的「主題」，不如專注於當下的對話，真正「投入」其中。只要圍繞一個主題深入交談，並表現出對對方的關心即可。舉例來說，當外國人回答「很期待造訪首爾」時，可以反問「哪一方面讓你感到期待」；或者當對方說「我最近迷上了 BLACKPINK！」時，可以回應「哇，我也很喜歡她們！你是從什麼時候開始喜歡 BLACKPINK 的呢？」透過持續發問的方式，進一步了解對方的喜好，與第一章提到的「問題的核心要放在『人』」一脈相承。

別試圖在自己的腦海中找答案，與不熟的人交談時，沒有所謂「合適的主題」。即使是過去聊得愉快的話題，用於新朋友也未必同樣有趣。此外，如果不停地使用事先準備好的問題，反而會讓對話變得枯燥，因為連自己也難以樂在其中。愉快的對話，始終來自於對對方的好奇與關心。

尷尬並不是需要克服的問題，即使保持沉默也無妨。在許多情況下，不說話反而是更好的應對方式。與工作上認識的對象，無須進行過多私人的交流，從仁川機場前往首爾，車程需要一定的時間，對方剛搭完長程航班，可以建議他在車上小憩片刻。如果自己在安靜的氛圍裡不會感到尷尬，那麼無論處於任何情境，都能從容地展開應對。我們已經是成年人，在社會生活裡也與他人相處融洽，應該對自己擁有信心。

直接切入重點也無妨

在會議或聚餐時，有些人為了打破尷尬的氣氛或拉近關係，會不斷對他人給予稱讚。

「你的髮型變了耶，真適合你！」

「最近過得不錯吧？感覺你的事業蒸蒸日上呢！」

但是，真的有必要刻意說這些討好他人的話嗎？一不小心，很可能讓他人覺得你在獻殷勤。或許你認為自己和對方關係親密，可是在旁觀者的眼裡，這種話容易被視為阿諛奉承。私人的話題，應該在兩人獨處時交流，不適合在公共場合上聊。

我尊敬的某位前輩，每次一進到會議室，就會直接開場：「大家都到了嗎？那我們開始吧！請合作夥伴說明一下內容。」或許有人認為直接切入正題，感覺過於冷漠，但大多數工作能力強的人，都會選擇直奔主題。在工作中建立的關係具有目的性，大家共同的目標是「提高利益」。換句話說，眾人是為了增加營收和拓展業務才聚在一起，因此，深入探討相關議題才是會議的重點。其他閒聊的話題，都只是在浪費時間。

在某些情況下，寒暄甚至可以省略。舉例來說，在會議室裡，可能有人會問：「你吃過飯了嗎？」而對方回答：「沒有，工作太忙了，早餐和午餐都沒來得及吃。」這時，如果又接話：「天啊，你應該很餓吧！」這樣的對話，究竟有什麼意義呢？既然沒有準備食物給對方，又何必問類似的問題。懂得體貼同事的人，通常會如此表達：

「擔心你沒時間吃飯，我準備了一些麵包和飲料，你可以一邊吃一邊開會。」

假如沒有為對方準備食物，就不需要問對方是否用過餐。

同樣地，當你問對方「最近還好嗎？」，而對方回答：「最近孩子總是生病住院，真的很擔心！」你又該怎麼回應呢？

「唉，你一定很擔心吧，孩子是哪裡不舒服呢？」對話大概只能進行到這種程度，因為大家是為了討論工作而見面，在時間有限的情況下，無法深入地聊更多。

如果真的關心對方的近況，就另外找時間細聊，可以等會議結束後，再和對方私下進行交流。如此一來，雙方的內心皆保有餘裕，對話時也能更加輕鬆。反之，若對他人的生活不感興趣，就不要拋出形式上的寒暄，毫無誠意的問候很容易被看穿。此外，愈是經常見面的同事，話題就愈應該專注在工作上，節省時間才是對對方的尊重。不管平時多麼努力讚美對方、試圖拉近關係，在社會生活裡，只要缺乏能力，無法為對方帶來利益，關係就難以走得長久。

預先準備破冰活動

有時無可避免地需要打破尷尬的氛圍，例如小組講座、聯誼聚會或社團活動等。為了建立友誼、共享興趣或學習新事物而聚在一起人們，彼此愈熟悉，度過的時間就愈有意義。當氛圍輕鬆時，也會讓人更容易適應。

在這種初次見面的場合，可以試著轉換一下氣氛，也就是所謂的「破冰」（Ice Breaking）。破冰指的是利用一些輕鬆的話題，打破現場尷尬的氛圍。以下是我作為講師的這十幾年，在引導小組課程時的一些訣竅。

在活動進行之前，先提出破冰主題。準備二～三個符合聚會性質的提問，用訊息傳給參與者。

〔破冰活動〕

❶ 你報名演講課的原因是什麼？
❷ 課程結束後，你期待自己有什麼樣的改變？

請針對各項提問準備約一分鐘的回答，課堂上將安排所有學員輪流分享自己的想法。

剛開始圍坐在一起時，大家會非常拘謹，不曉得該如何互動。不過，只要展開破冰，整體氛圍就會立刻改變。來參加課程的學員們，其實很好奇彼此為什麼報名，而我代替他們提出這個問題，因此，學員們會更專注地聆聽他人分享。此外，大家在事前都已準備好答案，所以不必擔心輪到自己時會詞窮。就像這樣，挑選與聚會目的相符的破冰主題，能夠幫助參與者找到共鳴，進而營造出融洽、愉快的氛圍。

Key Point

如何應對尷尬的氛圍

❶ 認可：接受尷尬是理所當然的現象。

❷ 沉默：若沒有合適的話題，不如保持沉默。

❸ 重點：如果是因公事見面的關係，不妨直接切入正題。

❹ 分享：如果是培養感情的場合，就試著共享議題。

Action

刻意去體驗尷尬的氛圍

❶ 搜尋：尋找自己感興趣的聚會，然後報名參加。

❷ 尷尬：感受一下在陌生環境裡瀰漫的尷尬氛圍。

❸ 沉默：讓自己在沉默中也能保持自在。

❹ 主題：想像自己將要引導聚會，試著規劃出破冰活動。

29 用最有效的說服來獲得所需

某天，我收到一封邀請合作的電子郵件，信中滿是對方公司的介紹和需求。

「您好，我是〇〇公司的△△△。因想向貴公司提議合作，故冒昧來信洽詢。敝公司擁有國內最完善的流通網絡，是業界排名第一的企業，在此簡單介紹一下。敝公司於一九三〇年由會長□□□創立，以一座米工廠起家，之後逐步建立起全國最大的米供應網絡，如今已成長為年營業額七千億韓元、在流通業界排名前十的企業。目前我們打算推行新的業務，目標是吸引二十多歲的年輕客戶。為此，希望在媒體行銷方面能與貴公司合作，一起討論具體的方案以拓展領域。再麻煩您撥空回覆可能的會議時間，以便雙方進行協調，謝謝！」

這類的郵件毫無說服力，讓人沒有合作的動力，且最重要的是，信中並未提及我為什麼應該和這間公司合作。如果我選擇合作，能得到什麼好處？攜手共事後，能描繪出怎樣的未來？他們又是被我的哪些特點吸引，才向我提出了邀約？信中對於這些內容隻字未提，只是不停地在介紹自家公司。對方只談論自己的需求，這種做法，就像是一個只會自我炫耀的人。然而，我對他人的公司不感興趣，我更在意的重點在於我自己的未來。

對方的需求為何？

在《人性的弱點》中有這樣一句話：

「世上唯一能夠影響他人的方法，就是談論他人想要的東西，並且告訴他如何才能獲得。」

如果想說服某人，就必須提及對方想要的事物。換句話說，要從對方的角度來講述自己的需求。對方需要什麼？怎樣才能讓他產生合作的意願？我能為對方提供什麼？站在對方的立場上思考，寫法就會隨之改變。信件的主語，將從「敝公司」變成「貴公司」，表達方式也會從「我們希望與您一起～」，變成「您與我們合作，可以獲得～」。

有一次，我收到一封來自某個 YouTube 經濟頻道的邀請信，對方希望我出演他們的節目，並介紹我的書《若能聽到別人說我口才好，此生別無所求》。這封信非常冗長，需要滑動好幾次才能看完。首先，對方在信件中介紹了自家頻道，包括主持人的背景、最近邀請的嘉賓、點閱數最高的影片，以及頻道的訂閱人數等。接著，信件的第二部分，則是提到拍攝的時間和地點，並要求我回覆是否有合作意願。

讀完後，我沒有給予回覆，因為這顯然是一封缺乏誠意，只是改換名字後大量發送的邀請函。信件內容裡，完全沒有提到我為什麼必須出演這個節目、對方為什麼對我感興趣、出演之後，「興按鈕」頻道能有什麼進展、對我的課程有什麼幫助、能否提升書籍銷售量，或者我能夠在這次的合作裡學到什麼、對日後的我能否產生正面影響等。

從對方的立場進行說服

倘若對方站在我的立場思考，邀請信應該會這樣寫：

「鄭興茱代表，您好：我們一直有在關注您於三星電子、LG電子等企業內的授課活動（表達關注），此次邀請您參加我們的節目錄製，相信有助於提升您講座的影響力，並吸引到更多學員（對方的利益）。我們頻道的訂閱者主要來自金融、證券、投資等大企業，核心觀眾為四十～五十歲的經營決策者，這三十萬名左右的訂閱者，都是『興按鈕』頻道潛在的客群（提供明確的利益依據）。我曾閱讀過您的著作《若能聽到別人說我口才好，此生別無所求》，覺得這是每間企業必讀的經典，甚至應該列為學校教材。這本書帶給我極大的啟發，三個月來我前後讀了五遍，並且搭配書中的影片一起練習，明顯感受到了自己的進步。周邊許多朋友和頻道的訂閱者，都察覺到我的發音變得更加清晰和流暢，紛紛詢問我最近上了什麼樣的課程。因此，我相信若邀請您出演節目，將會有數十萬名的觀眾和我一樣從課程中受益（透過個人的真實經驗建立信任）。為了方便您了解我們的企劃，以下附上頻道簡介及過往影片的連結，您可以大致感受一下節目的氛圍（先引起對方的興趣，再介紹自己的頻道）。附帶一提，上個月我們邀請到管理書的作者參與節目，在節目播出後，相關書籍的銷量在一個月內增加兩千冊。相信這次若合作有成，必能成為您拓展事業版圖的良機（追加對方的獲利點）。期待您的回覆，希望有機會合作！謝謝（積極提案）。」

雖然是同樣的邀請函，但差異卻一眼可見，不是嗎？當你完全站在對方的立場上思考，說服力便會明顯提高，而這一切的基礎正來自於「關心」。深入地為對方考慮，寫出來的郵件，從頭到尾都會更加真誠與特別。若能做到這一點，必能成功贏取他人的信任，因為你總是以對方的角度看待世界，不僅眼界變得開闊，格局也變得更廣。試著提出讓對方能夠獲利的方案吧！說服他人或許不容易，但只要掌握這個基本原則，所有問題都能迎刃而解。

獲取成功的說服案例

當老師在學校抓到學生抽菸時，通常會說些什麼呢？大概是「怎麼可以在學校抽菸，明天請你的父母來學校」、「學生沒有學生的樣子」之類的責罵。然而，這樣的訓話，往往無法讓學生徹底戒菸；真正有智慧的老師，會站在學生的立場上思考。假設這名學生每天都會在五分鐘內快速吃完午餐，然後跑去球場踢足球，那麼老師可以這樣勸戒：

「你喜歡踢足球，如果長期吸菸的話，以後在球場上的速度就不可能像現在這麼快。你難道不想繼續踢足球嗎？」

每個人都只在乎自己感興趣的事物，因此，也更容易被關心自己興趣的人說服。

我曾經成功說服教保文庫板橋店舉辦一場我的新書發表會。最初，教保文庫只是詢問能否為我的讀者們提供線上或線下的課程優惠券，我除了答應這項提案，也建議在書店舉辦一場講座。教保文庫是我從小就很喜歡的書店，能在這裡舉辦自己的第一場新書座談，對我來說別具意義，而且我也對活動充滿信心。然而，如果我只從個人角度出發，郵件可能會變調：

「我希望能在教保文庫板橋店舉辦新書座談。在我二十多歲時，教保文庫是我愛書之路的起點，也是我經常光顧的書店。如果能在這裡進行我的第一場新書發表會，將會成為我人生中美好的回憶。此外，若在全國第一的教保文庫舉辦活動，也會對我的新書銷售產生極大的幫助。身為一名活躍的口語表達講師，我有信心辦成一場有趣又有益的講座。希望貴公司給我一次機會。」

如果我只顧講述自己的利益，那麼在教保文庫的這場講座，可能就無法順利成行。在當時的信件裡，我沒有提到自己能獲得什麼，而是詳細點出教保文庫板橋店和我一起舉辦新書講座的話，具體能有哪些收穫和價值，結果非常成功。

「假如能在教保文庫板橋店舉辦新書發表會，我的學員會很踴躍地參加。首先，他們大多是專業人士或企業高層，對自我提升充滿了熱情，並且樂於投資。演講技巧是許多工作能力出色的人，在需要頻繁發言或展示成果的情況下，積極追求的自我成長。學員的工作地點大多位於板橋，例如 Naver Webtoon、Kakao Bank 和 LIG Nex1，以及位於東灘和器興，距離板橋只有二十分鐘車程的三星電子。他們在參加完新書講座後，可能會順便在教保文庫購入必要的參考書，成為板橋店的會員。此外，一旦在此消費過，以後就很可能成為忠實顧客。其次，板橋店的讀者也一定對『演講』這個主題很感興趣，因為隨著各種媒體和平台發展，溝通與表達的重要性日漸上升。相信讀者看到活動消息，必定會抱著期待的心情參與。活動日期確定後，我會在有六十萬名訂閱者的社群平台及線上課程裡，積極宣傳這次的講座。因此，若能將活動安排在板橋店最大的場地，我會感到非常榮幸和感激。」

Key Point
最確實有效的說服技巧

❶ 立場：考慮對方的立場。

❷ 內容：提示對方如何獲得想要的事物。

❸ 展望：提及各種具體且有發展性的內容。

❹ 說服：反覆閱讀並學習成功的說服案例。

Action
說服他人之前的考量事項

❶ 目的：我希望透過對方實現什麼？

❷ 立場：對方想要的是什麼？

❸ 戰略：對方獲利的同時，我能獲得的是什麼？

❹ 內容：站在對方的立場上，我能提出什麼樣的展望？

30 贏得尊敬的領導者話術

新進職員忘了帶給客戶的提案書，恰好是會議上的重要文件。

新人：對不起，真的很抱歉！

組長：我不是一直叮囑你重要的文件要帶齊嗎？距離會議只剩下十分鐘，你要怎麼辦！

新人：我在出發前還確認過一次，真的很抱歉。出門的時候太急了……對不起。

組長：你應該再確認一次啊，現在怎麼辦？你知道你犯了多大的失誤嗎？

新人：對不起，如果案子出差錯，我會負起全責。

組長：你要拿什麼負責？你算哪根蔥？

帶領新進員工時，最令人害怕的狀況發生了——抵達客戶的公司準備開會，才發現最重要的文件忘了帶，團隊頓時陷入一片混亂。幫助新人成長，也是領導者的職責，為了避免下次再碰到一樣的問題，經理嚴厲地指責新人。唯有讓對方充分認知到自己粗心大意的嚴重性，才能避免日後再犯。

無謂的情緒發洩，只會妨礙成長

不過，指責錯誤真的能讓人改變嗎？厲聲訓斥真的能讓人成長嗎？我對此不以為然。經理只是不斷地斥責，重複強調未帶文件、出發前未再確認是多麼重大的過失，很可能對公司收益造成負面影響。反之，站在新人的立場上，究竟能學到什麼呢？他只會責怪自己粗心，整場會議坐立難安，下班回家後也徹夜難眠，擔心隔天到公司是否會被懲處。換句話說，新人得到的只有不安、恐懼和擔憂。

嚴厲的斥責，不過是經理個人的情緒發洩罷了。即使新人不小心犯錯，業務也不會因此陷入危機，只要提案內容能滿足客戶的需求，沒有書面文件一樣能成功拿下訂單。說服力來自於人，而不是文件。若能力出眾，腦海中早已記住所有內容，即使缺少資料，也能從容自信地發表。職場上能幹的人才，往往應變能力非常強，所以經理責罵新人的真正原因，是自己缺少書面資料而感到不安，擔心無法成功取得訂單，於是將責任推到新人身上，藉此發洩情緒。亦即，經理是個不擅長控制情緒的人。

這不是良好的社交對話方式。當問題發生時，應該先專注於尋找解決方法，而不是追究原因。然而，經理並沒有提供解決方案，只是顧著責罵新人，這麼做無法讓部屬成長。此外，新人還很可能留下陰影，開始逃避面對經理，最後導致雙方的情感受傷。

別一張口就是責難、批評或抱怨

當我詢問企業員工為什麼想學習演講技巧時，他們經常如此回答：

「報告時不想被上司罵。」

連管理階層的員工都給出類似的回答，實在令人感到驚訝。他們的目標，竟然只是「不要被罵」，而非提升公司業績，或者加強表達能力以實現自我價值。為了避免被指責，他們努力地取悅高層，小心翼翼地揣摩對方的心意——這就是責難、批評和抱怨所造成的弊端。

「別任意指責、批評或抱怨，這麼做，得到的也多半是辯解。」

這是卡內基在《人性的弱點》一書中的名言。一個人若不斷聽到批評或指責，就會產生自我防衛的心理，這就是為什麼人們總會為犯下的失誤辯解，認為自己有不得已的苦衷。很多時候，批評不見得有其必要。在經理眼中，新人忘記帶文件或許是愚蠢的錯誤；但對新人來說，可能已是全力以赴的結果。換言之，我們必須考慮到個人能力的差異。

責備他人者，經常認為自己的話有其道理，但實際上對情況沒有多大的助益，因為每個人都渴望被重視，且這種需求在日常中隨處可見。例如孩子會將在學校獲得的獎狀，掛在家裡最顯眼的位置；有些人明明家庭成員不多，卻總是希望住在寬敞的房子裡；開車時不需要載其他人，卻渴望擁有一台大型休旅車。這些行為，再再顯現出人們渴望獲得重視，但批評、指責或抱怨，恰巧與這樣的渴望背道而馳。所以反倒會使對方豎起自我防禦的高牆，無法引起改變或進步。

擺脫過去，聚焦未來

若真心想促進改變，就應該跳脫過去，把焦點放在未來。過去如同潑出去的水，已然無法挽回，但未來卻仍有機會改變。與其糾結於過去的失誤，不如提出解決方案，把錯誤當成教訓，指引對方正確的「方向」。**指責他人的初衷，是希望未來不再重蹈覆轍，那麼對話時，就應該聚焦於未來，討論改變之道，並且愈具體愈好**。

如果經理不是咆哮「你應該再確認一次啊」，而是提醒對方「下次記得再確認一次」，情況會如何呢？用「未來式」而非「過去式」，並補充具體的解決方案，提供明確的指導，例如：

「為了避免這種情況，以後資料印成三份：一份給我，一份你自己帶著，另一份放在公司車裡。這樣即使我們兩個都漏帶，車上還有備份。另外，完成的文件也提前寄到信箱裡存放。」

經理如果仔細回顧，就會發現自己在離開公司時，也沒確認新人是否將文件備齊，自己也必須負責。能順利達成任務者，通常不會被周遭的人或環境影響，因為他們對自己的能力充滿信心。

我最敬佩的購物台主持人，就是屬於這種類型。每次節目結束後，前輩都會和我一起觀看錄影重播，告訴我當商品在鏡頭上放大時，主持人應該怎麼拿，才能讓觀眾看得更清楚。此外，他還會舉例說明，當自己在拋出某個話題時，我應該怎麼接話才會顯得自然。前輩提醒我在研究商品時，應該關注哪些重點；在收看其他導購時，需要注意哪些細節。為了引領我成長，他總是站在我的立場思考，耐心地一點一滴教導我。前輩的指導方式，可說是著眼於未來，因材施教地為我指出改變的方向。

看到後輩犯錯，有些人會想：「這個人能力真差，是怎麼進到我們公司的呢？」然後大發雷霆、扯破嗓門地指責對方；相反地，有些人會想：「原來他這個地方不懂，待會兒我再明確地教他一次。」假如你身為當事人，會比較尊敬哪一種前輩呢？

有助於成長的真心稱讚

大多時候，我們自認為擅長的事，可能是因為被周圍的人認可或稱讚。我曾經問過學員：「你的優點是什麼？」許多人都提及自己從別人口中聽到的優點。

「大家都說我善於傾聽，這應該是我的優點吧。」

「我很會陪伴孩子，孩子們都說和我玩最有趣。」

「我沒什麼擅長的事，但老婆說我洗碗洗得不錯。」

讚美能帶來改變。作為領導者，如果想幫助團隊成長，就要發自內心地讚美成員。若發現成員的才華、能力或優點，請不吝惜地給予稱讚。舉例來說，如果有某位成員擅長上台發表，與其簡短地告訴對方：「今天報告得不錯，辛苦了」，不如以這樣的方式表達：

「今天的報告非常精彩！你有注意到嗎？連那些挑剔的高層，都全神貫注地聆聽，我在後面看得起雞皮疙瘩。今天比彩排時進步數十倍，尤其策略的講解充滿了遠見，也讓人很容易理解。這段時間你日夜不分地用心準備，真的辛苦了！」

我們往往會低估自己，也不太了解自身的能力。在電視劇《二十五，二十一》裡，有個令人印象深刻的橋段：一名高中生擊劍選手在初次上場比賽前，因為緊張而不停顫抖。這時，教練對她說：「如果妳不相信自己，那就相信我吧。」因為選手信任這位教練，於是全心全意聽從他的指導，最終在奧運上奪得金牌。就像這樣，當我們信任且跟隨的對象，發現我們的潛力並給予稱讚時，我們就會相信對方的建議。讚美能帶來自信，自信更足以成為前進的動力。

在指導即將參與面試的學員時，我會盡量發掘他們的優點，並具體地點出來。舉例而言，個性內向文靜的人，經常覺得自己不夠積極，而且缺乏親和力。不過，我卻將此視為優點，因為話少的人在開口時更為謹慎，不會隨意說出傷人的話。此外，他們總是默默完成負責的工作，有助於團隊取得成果。我將自己發現的優點如實告訴學員，讓他們從中獲得自信，最終在面試上脫穎而出。就像這樣，讚美擁有令人驚嘆的力量。

Key Point

贏得尊敬的領導者話術

❶ 未來：聚焦未來，指引變化的方向。

❷ 變化：若想培養對方的才能，就盡量給予稱讚。

❸ 鼓勵：真心認可並鼓勵對方。

❹ 稱讚：不吝惜給予讚美。

Action

嘗試稱讚部屬

❶ 人才：找出想幫助成長的對象。

❷ 能力：指出對方值得培養的才能。

❸ 未來：對話時把焦點放在未來。

❹ 稱讚：如實稱讚對方的優點。

31 和上司變親近的祕訣

後輩想在職場上和帥氣又有能力的主管變親近，於是厚著臉皮前去搭話。

後輩：前輩，恭喜您拿到了訂單！

前輩：這次多虧有團隊的成員們幫忙。

後輩：是因為前輩負責上台報告，才能一舉成功。

前輩：沒有啦，我只是最後負責收尾而已。

後輩：哇，前輩您好謙虛，真是太了不起了！

後輩的語氣裡充滿阿諛和奉承，假如我碰到相同的情況，可能會忍不住想：「為什麼要巴結我？」

換作是你，聽到這樣的話，真的會覺得開心嗎？

不實的稱讚難以打動人心

人們常用稱讚來和同事或上司拉近距離，然而，過於浮誇的讚美，無法真正打動對方的心。只是一味地讚嘆，卻不具體說明哪裡好、哪些部分做得出色，這樣的稱讚便顯得空洞無力。

足以打動對方的具體稱讚，應該如下：

「前輩在強調『為什麼要和我們公司合作』時，讓我對這個專案充滿信心。聽您講解時，我專心聆聽到忘了自己也是團隊的一員。對方應該也和我有一樣的感覺吧，所以這次順利簽下合作案，我認為是理所當然的結果。前輩上台發表的能力果然非常出色，這次也讓我學到很多，真的很謝謝您！」

若能準確指出並稱讚前輩的努力，對話的氛圍就會完全不同。前輩或許會這樣回答：

「是嗎？太好了！那是我特別用心準備的部分，因為同類型的業者很多，我覺得必須明確凸顯出『為什麼要和我們合作』這一點。看來我的訊息有順利傳達出去，謝謝你的回饋。」

看著後輩，前輩默默地在心中讚許：「這孩子在工作上很有想法呢」，從此懷抱著期待，對他更加關心，認為後輩將來一定會有優秀的表現。

有些人覺得，稱讚說得太長，反而像是在諂媚。隨口以讚嘆詞堆疊的稱讚，重點圍繞在「對方」，而具體的稱讚，則是說明「自己」從對方身上獲得什麼啟發或學到了什麼，兩者本質上截然不同。亦即，**真誠的稱讚，是從自己內心深處自然流露**。

就像我自己，比起聽到「課程超棒」、「人生必修課」這種空泛的評價，更喜歡學員具體提到哪些地方讓他們有所感悟或啟發，這會讓我加倍地欣慰。例如，最近有學員分享：「『生氣的原因，是內在的需求未被滿足』，這句話讓我深有所感。前幾天，我和同事的對話出現了不愉快，現在才明白，問題很可能出在我身上。以前我只是一直糾結『他為什麼那樣？』，卻從來沒有反思過自己。這是一堂很有深度的課，讓我留下深刻的印象！」

這是近期某位學員的回饋，聽到這樣的話，我非常地感動，一點都不覺得是恭維，因為他們根本沒必要這麼做。在 Naver 或 IG 上搜尋「鄭興茱」或「興按鈕」，可以看到這幾年許多學員留下的課程心得，大多是長篇且具體的文字。每次看到這些留言，我都會感受到工作的喜悅，並更加努力地精進自我。

找出有助於提升實力的主管

職場是工作的地方，比起人際關係，實力更加重要。只要具備實力，人脈就會自然而然地擴展，所以提升實力應該是最優先的考量。我們都渴望在社會上取得成功、獲得認可，同時擁有時間與財富自由。如果只是想賺點小錢，剩下的時間簡單度過，那麼大概就不會選擇讀這本書。因此，為了提升實力，我們需要學會如何與合適的主管建立良好的關係。

在公司裡，通常可以找到效法的對象，「只要我做得像他一樣，必能成為這個領域的翹楚」——試著與這樣的人親近吧。如果公司裡沒有榜樣，也可以選擇合作夥伴或客戶作為目標。我們都需要不斷成長，讓性格更加成熟，實力精益求精。此外，讓自己的才能保持一定的水準，也是一種實力的展現。那些無禮又冒失的人，之所以能被眾人認可，原因就在於擁有才幹。當然，如果一個人不僅實力出眾，還兼具優秀的人品，自然能獲得廣泛的支持與讚揚，登上更高的位置。

在職場中，沒必要與所有人都建立良好的關係，不是每個人都對自己的工作如魚得水，也不是每個人都能助你提升實力。因此，不必刻意勉強自己與尷尬或不熟的前輩親近，與其花時間在人際關係上，不如專注於自己負責的領域，儘快適應環境，在業務上取得成果。公司的目標在於追求利潤，既不是提供教育訓練的學校，也不是交友聯誼的場所，我們有責任交出漂亮的業績。所以，不妨在合作的對象中，找到一位能對工作提供幫助的前輩。

「觀察」自己想親近的榜樣

有些人為了與上司或前輩拉近距離，會向對方提出邀請：

「前輩，我有件事想向您請教，不曉得您什麼時候有空？如果能一起吃個飯或喝杯咖啡，我會非常感激。請告訴我什麼時候方便，我會盡量配合您的時間。」

這種邀請，會讓對方感到負擔。工作能力強的人，日程通常排得很密集，而且之所以能在職場上表現出色，原因就在於生活相當規律，懂得劃分工作、社交、自我提升和休息的時間。因此，如果突然要求對方抽空見面，只會讓人感到彆扭，對方也沒理由為了後輩特意空出時間。

如果有渴望效法或親近的主管，最聰明的方式就是「觀察」。觀察對方休息的時間與地點，然後在那個時候戰略性地接近。例如當主管坐在沙發上休息、在休息室喝咖啡、在公司附近散步，或者到室外抽菸時，就是提問的最佳時機。如此一來，前輩不需要特地為你騰出時間，而且也能因為你的搭話，讓他們暫時脫離工作，稍微獲得喘息。此外，若提出的問題不難回答，對前輩來說也不會造成負擔。

只要十分鐘即可，必須意識到主管也有忙碌的行程，應該提前準備好想談的題目。就像與行程緊湊的政治人物進行短暫的訪談一樣，事先把提問準備好，然後一抵達現場，就跳過寒暄和閒聊，直接進入正題。當我們選擇在休息時間接近主管時，也必須有縝密的態度和準備，並且抱持一顆尊敬的心。

「興茱，你看起來很假」

我就是用這種方式，與前文提到的購物台主持人奠定了良好的關係。當時，這位前輩已有十七年的資歷，而我還只是一名實習主持人，即將面臨轉正職的考核。前輩負責實習生的培訓，同時也參與評估審查，他對我的蔘雞湯產品介紹，給出了嚴厲的評價：

「興茱，你看起來很假。」

這句話的意思，是指我的介紹完全無法打動人心。購物台主持人的關鍵能力，在於說服電視機前的觀眾購買產品，但我在這方面還顯得非常生疏。我渴望成為一名合格的主持人，期待自己能夠像前輩一樣出色。因此，我鼓起勇氣問道：

「前輩，我真的很想做好這份工作。為了這次的產品介紹，我花了一週的時間，尋訪首爾三大知名的蔘雞湯店，還和老闆進行了訪談。我已經卯足全力準備，不曉得接下來該如何改進。十七年前您還是實習生時，是怎麼研究產品的呢？」

或許是被我懇切的態度打動，前輩對我說：

「興茱，你現在馬上去附近的市場、大型超市或百貨公司，找到賣蔘雞湯的地方，然後以消費者的身分詢問店員：各款產品的差異在哪裡？哪一種最好吃？只要試過一次，你就會找到答案。」

前輩的這番話，讓我領悟到一個關鍵：我必須以消費者的立場來看待產品，而不是單純站在銷售者的角度。聽從前輩的建議，我立刻走出公司，按照他的話去執行，最終成功晉升為正式的購物台主持人。我對前輩充滿感激，希望能將這份心意傳達出去。後來，我觀察到前輩會利用行程的空檔，坐在休息室的沙發上，慢慢品嚐溫熱的美式咖啡。於是，我趁他在休息時，走到沙發旁的位置坐下，然後如此說道：

「前輩，非常感謝您當時的指點，多虧您的幫助，我才能順利完成商品介紹，並且有幸與您一起主持節目。我下週要推銷窗簾，這次我也按照您的建議，四處進行訪談和比較。不過，有一點想向您請教，在節目當中，窗簾的質感該如何呈現比較好？」

我又向前輩請教了不懂的問題，並再次獲得了答案。此後，每當在工作上遇到困難，我就會抓住前輩休息的空檔前往請教，然後如實地表達出我的感激。站在前輩的立場，或許會覺得我的態度令人欣慰。他可能因為我認真遵從他的建議而感到驕傲，也可能因為看到我的成長、聽到真誠的感謝而覺得滿足。此外，我按照前輩的指導，實力一天天地進步，也能讓他體會到提攜後進的樂趣。有值得尊敬的前輩在身邊，我的內心滿懷感恩。

如何親近值得效法的主管

在我們的周圍，總有值得尊敬的優秀主管，請相信自己也能成為這樣的人。對環境的體悟與感受，能決定一個人的未來，試著與有能力、值得效法之人，一起度過珍貴的時光吧。優秀的人，能夠辨別出渴望變優秀的人，也會對努力的人抱有好感。為了個人利益而接近上司，與真心敬重前輩而靠近的人，表現出來的態度截然不同。因此，別過於擔憂，主動地接近對方吧。

在公事上與前輩交流，那麼隨著能力提升，就有機會發展成互相討論工作的夥伴。雖然身為後輩，但總有一天，前輩將不再只把你當成後輩。主管或前輩也是人，在工作中難免遇到瓶頸或陷入迷茫，而且職階愈高、年資愈長，能夠商量的對象就愈少。試著成為值得信賴的後輩，與上司進展成互相分享煩惱的關係吧。在工作中奠定的關係，會逐漸累積起堅實的信任，最後自然地開始分享私人話題，形成深厚的情誼。後來，我和前輩之間的關係，也已親近到可以一起兩人單獨旅行。離職之後，我們的關係變得更加自在，我依然將他視為人生前輩，表現出敬重與追隨的態度。但願你也能和我一樣，與優秀的主管結下真摯的情誼。

Key Point

與優秀主管變親近的方法

❶ 稱讚：稱讚時，以真誠的態度具體指出對方的優點。

❷ 觀察：觀察主管在什麼時候、以什麼方式休息。

❸ 空檔：利用對方休息的空檔主動接近。

❹ 表達：對於自己獲得的幫助，務必表達出感謝。

Action

把值得敬重的對象寫下來

❶ 公司內部：

❷ 客戶：

❸ 前公司：

❹ 社群媒體上（也可以與不認識的人聯絡，建立交情）：

32 順利推動會議的技巧

與會者愈是踴躍參與討論，積極地提出各種點子或意見，就愈有助於做出明智的決策。然而，在會議上，有時會出現高層或年長者獨占發言權的情況，其他人只是在底下做記錄，悄悄地察言觀色，在輪到自己時才被動地發表簡短的意見。此外，有時當意見互相衝突，也會導致會議無法順利推進。這一章節，我們將要學習如何讓會議順暢地進行。

僅是出席會議而不積極參與，是一件非常可惜的事。我們應該把會議視為磨練的機會，為重要的發表或報告奠定堅固的基礎。會議的頻率，往往比正式上台發表還要更多，如果能與經常見面的同事建立起信賴關係，那麼你的報告對他們而言就會更具有說服力。在會議室中，盡量熱情地與同事打招呼，並且認真傾聽對方發言，藉此建立良好的人際關係。這樣的交情，會在你上台發表的緊張時刻，化為一股溫暖的支持與鼓勵。

為了使會議順利進行，同事之間應該尊重彼此的意見，並鼓勵所有人踴躍表達看法。也許有些人剛進職場、年資尚淺，又或者身為自由工作者、尚未正式就業等，對會議的重要性體會不深。其實，會議不僅限於公司內部，在計畫家族旅行、與朋友一同選擇聚會地點時，同樣需要經過會議討論。

只要是多數人聚在一起商討事情，都可以算是「會議」。現在，就讓我們一起學習推動會議的技巧，在日常生活裡廣泛地活用吧！

用短句來表達

「從今年七月到十月這三個月間，我們針對一百名試用公司掃地機器人的顧客進行一項滿意度調查。調查共分為十個項目，答案允許複選，在調查結果中『打掃輕鬆』獲得第一名，得到所有受訪者中七五%的支持。其次是『自動清空集塵盒』，在全體受訪者中以六三%的滿意度位居第二。由此可見，多數的顧客非常重視產品使用時的便利性。」

像這樣的長句，聽眾會難以理解，甚至無法抓住重點。講到一半被打斷的情況，通常也是因為說話者長時間自言自語，讓聽眾覺得內容枯燥且冗長。同樣地，說話者也會因為句子過長，找不到換氣點，導致語速愈來愈快，內容失去條理，甚至開始語無倫次。因此，在會議中發言時，應盡量以短句表達，句子中只要出現一個述語就可以結束。另外，建議按照事件的重要性，先揭示結果，再依序進行補充說明。

「關於公司販售的掃地機器人，『打掃輕鬆』及『自動清空集塵盒』這兩項特色，獲得消費者很高的評價。這項數據是在今年七月至十月，針對一百名試用新機型的顧客進行的滿意度調查。調查共包含十個項目，答案可複選，『打掃輕鬆』位居第一，有七十五人認為這是最大的優點；其次是『自動清空集塵盒』，有六十三人勾選了這項。」

活用手勢

插話容易讓人感到不悅，例如：

「啊，請等一下。」

「可是，為什麼要這樣進行呢？」

「不好意思，可以再秀一下前面的內容嗎？」

插話的人通常是主管或高層，但除非是緊急情況，否則別隨意打斷別人的話，這種行為只會破壞會議氛圍。因為部屬很可能會覺得「我講錯了」，或者「我可能要被罵了」，然後開始變得畏畏縮縮，不敢再發言。其實，上司只是因為好奇而發問，但在語氣冷淡、表情嚴肅的情況下，很容易讓員工產生誤解。因此，當部屬發言時，如果心中存有疑問，不妨比照學生向老師提問那樣，舉手對說話者示意。

相反地，如果發言時有人插話，可以豎起手掌，傳達出「請稍等」的意思，並且以眼神向對方示意。這麼做，就能避免被他人影響，繼續把自己的話說完。假如對方仍執意插話，可以明確地表示：「請給我一分鐘，等一下再發言」；假如是因意見分歧，有好幾個人同時發話，那麼就舉起雙手來平息混亂的局面。碰到話多的人，只需保持沉默、豎起手掌即可，這是一種要求對方冷靜下來的手勢。

用眼神進行交流

會議時最重要的，就是營造良好的溝通氛圍。我受邀到企業舉辦講座時，都會實際參與他們的會議，觀察高層與基層的溝通，以及部門負責人與組員之間的對話。不管是什麼領域，企業內的議事氛圍通常較為僵硬，會議期間，與同事有眼神交流的人少之又少。大多數人都是只盯著筆電，偶爾抬頭看一眼發言人，然後又把視線移回電腦螢幕；如果發言者就坐在自己身邊，更是連看都不看一眼。開會時，你的視線都集中在哪裡呢？試著回想一下大家的表情吧。

公司裡每個人都有共同追求的目標，在開會時，請注視對方的眼睛，用眼神進行交流，也別忘了在發言時面帶微笑。懷著與同事相聚的心情參與會議吧！現在人們通常各自埋首於工作，除非特意安排聚餐，否則平時很難聚在一起。近來遠端辦公或自由接案的趨勢興起，線上會議也變得更加頻繁，不過，經常面對面開會的話，有助於彼此熟悉，不妨盡量選擇線下互動，認真傾聽他人的意見。

當有人發言時，建議轉動上半身，讓臉部和身體都正面朝向對方。假如與會者只顧著看自己的筆電，說話者很可能擔心自己講的內容無趣，進而加快語速。因此，我們應該注視著發言者的眼睛，適時地點頭回應，表示自己正在認真傾聽。或許有些人認為盯著對方的眼睛不禮貌，但其實不必有這樣的顧慮，因為傾聽就是從眼神的交流開始。聆聽他人發言時，只在有需要記錄時才低頭動筆。

開會的目的，不在於抄寫筆記或宣讀資料，而是為了交流與對話。

有效地分配發言時間

開會時，可以嘗試為每個人的發言設定時間，就像電視上的辯論會一樣，公平地給予每位成員發言的機會。建議使用沙漏或計時器，設好固定的時間，如此一來，就能避免有些人長篇大論，進而鍛鍊出精簡的表達能力。此外，平時話少或傾向聆聽的人，也會為了準備發言內容而提出意見，形成多樣化的觀點。最終，會議內容將更為充實，整體的互動品質也會向上提升。

如果是線上會議，發言時間應該縮得更短，因為非面對面的開會方式，人們的專注力會明顯降低。在實體會議裡，十分鐘的簡報可能很有趣，但是透過視訊傳達時，三十秒後就開始讓人感到乏味。另外，許多人已經摸清線上開會的模式，懂得如何偷偷分心做其他事。線上會議存在著物理距離，難以如實地傳達情感與氛圍。因此，進行線上會議時，應盡力做到言簡意賅，直奔重點。

會議的主持工作應該輪流進行，才能培養每位員工的領導能力。一般在企業裡，通常由主管主持會議，但是當主管不在時，部屬也應該展現各自的領導才能。為了提升工作效率，平時可以透過會議來增進員工的溝通力。其實，世界上並不存在「天生口才佳」的人，而是當發言的機會變多，反覆受到訓練時，表達能力就會與日俱增。

Key Point

提升會議效率的技巧

1. 短句：當句子裡出現一個述語時就收尾。
2. 手勢：發言時被打斷，或者需要調解意見時，就默默豎起手掌示意。
3. 注視：看著發言者的眼睛，尊重他人的意見。
4. 主持：安排會議主持人，訂出發言的時間。

Action

做一個擅長開會的人

1. 主持：決定會議主持人。
2. 時間：分配好發言的時間。
3. 短句：養成用短句表達的習慣。
4. 注視：把身體轉向發言者，注視著對方的眼睛。

33 報告、電子郵件、簡訊、電話的應對技巧

報告時，區分事實與意見

報告是職場生活中不可或缺的技能，也就是以口頭或書面的方式，傳達工作的內容與結果。主要形式包括訊息、電子郵件、通話、簡報、簽呈、面對面報告等，適時地進行簡短的報告，有助於提升工作效率。無論是面對上司或客戶，報告的核心都在於「區分事實與意見」。先按照六何法則（何人、何事、何時、何地、如何、為何）清楚地陳述事實，再對該事實提出個人見解，如此才是一份完整的報告。

有些人覺得報告很困難，那麼，不妨用下面的例子思考看看。假設你帶著摔壞的手機到維修店，比起「先檢查一下再跟您聯絡」這種概略式的回答，「我們需要二十分鐘進行檢測（事實），二十分鐘後再向您說明維修的流程（意見）」，這種回答是否顯得更加專業？此外，比起籠統地告訴消費者「要修的地方很多，預估維修費需要一萬元」，「主機板沒有損壞（事實），只要更換螢幕就好（意

見），維修時間大約十五分鐘（事實），費用為一萬元（意見）」，這樣的說法是不是更容易讓人信賴？

報告的目的是為未來做準備，主管需要宏觀地規劃工作，因此，他們會根據部屬的報告來安排下一個專案、進行任務分配，提升整體的工作效率。為了有助於規劃，部屬必須清楚告知當前的工作進度與完成的時間點。此處的「時間點」，指的不僅是最終完成的時間，還包括執行過程中各階段目標的達成時機。另外，報告不是單純列出「今天要做的事」即可，必須以工作目標為核心，擬定出「今日策略」，這才是真正的報告。

報告也是一種溝通

新進員工常犯的錯，就是在工作全部完成後才進行報告。例如上司要求在一週內做完一份十分鐘的簡報，新人往往會在一週之後，直接把成品交出去。但是，獨自埋頭設計出來的簡報，很可能需要大幅修正，甚至必須整份重做。如果真心想把簡報做好，應該在製作的過程中，隨時向主管報告，像是簡報需要幾頁、字體大小如何設定、是否使用圖片或嵌入影片、該強調哪些重點等。遇到不確定的地方時，就隨時向主管提問，一起討論出解方，這樣製作時才會更輕鬆，簡報的品質也會更完美。

猶豫不決、不敢向上司報告的原因，通常在於自我審查。我們可能會想：「這個問題可以問嗎？問了會不會顯得我很笨？主管會不會因此不喜歡我？他那麼忙，會不會覺得我很煩？」切記，**報告的目的是為了工作，不是為了自己，別把工作和自己混為一談**。報告的次數愈多，學到的事物就愈廣，新人沒有自行決策的權限，而且職場生活的核心就是不斷學習。再重申一次，上司喜歡那些想把工作做好、願意主動學習的員工，因為這樣的人才能幫助團隊進步，推動公司發展，最終帶來收益。和被動等待指令的部屬比起來，積極提問、主動溝通的員工，更容易獲得上司青睞。

工作不等於個人業務，而是所有人為了共同的目標，各自負責不同的領域。報告是討論工作進度時不可或缺的手段，而最終的負責人則是主管。就像部屬如果在外部犯了錯，最後需要出面道歉的人，通常是公司的代表，也就是團隊整體的負責人。因此，隨時保持溝通，了解彼此在做什麼、如何進行，是非常重要的一環。學校的作業，只要在截止日前完成即可，但公司的工作隨時可能變動——擴展、縮減、消失、新增或改變。不妨把報告當成一種對話管道，積極地與同事溝通吧！

郵件內容應該一目了然

從電子郵件上，可以明顯看出一個人是否善於處理工作。如果對業務駕輕就熟，發出的郵件通常一目了然，能夠讓人迅速抓住重點。

工作能力出色的人，最重視時間管控，唯有把郵件寫得簡潔明瞭，才能加速決策，儘快展開業務，並且提前創造收益。因此，他們不會浪費時間在沒有意義的內容上。郵件的關鍵，在於「一打開就能看懂」，最好將整體內容濃縮，從結論開始寫，把重點事項清楚地列出來。建議仿照新聞的下標方式，將字數控制在八~十二字內，用於引起讀者的興趣。接著，詳細內容可以寫在下方，起到「點擊查看更多」的作用。如此一來，即使信件內容較長，仍會讓收件者願意往下滑動，仔細閱讀。明確且清晰地導出工作方向，才是一封優秀的電子郵件。

放在「查看更多」部分的詳細內容，應該讓讀者在快速瀏覽時，也能馬上掌握重點。重要的文句可以用紅色標記、加粗或畫底線，使其更加顯眼。不妨積極活用郵件中的功能，強化文字表達的效果。不過，切記信件中的文字顏色不要超過兩種，關鍵詞或重要語句，也應該控制在五個以內。如果混雜過多的顏色，或是用紅色標記一堆內容，會讓收件者一打開郵件就受驚。我曾有過類似的經驗，當下以為是詐騙或宗教團體寄來的垃圾郵件，立刻就把視窗關掉。

另外，因休假導致回信延遲、節慶假日的問候語等，都建議放在郵件的最後。信件的內容，應按照重要度排序，把結論和核心置於開頭。最後，在撰寫郵件主旨時，可於最前方用中括號加上公司名稱，再簡明扼要地點出主旨，如此能更顯得專業（例：〔興按鈕〕主管演講課程大綱）。

千萬別直接複製電子郵件的內容，然後原封不動地寄給其他人。文字通常愈修愈完善，應該根據收件人的情況，對內容進行適當的調整，並且避免出現錯別字。對韓語使用者，我推薦使用「釜山大學拼寫檢查」網站來校對錯別字，它可以根據正確的語法和標點來協助修改文句，是許多新聞記者常用的工具。偶爾會有寄件人弄錯收件者的名字或公司行號，例如有人把「興」看成「與」，在寄給我的信上寫「鄭與秀」或「與按鈕」。這種把名字寫錯的信件，我從來都沒有合作過。切記，名字是代表身分的專有名詞，寄信前務必要仔細核對。另外，收件者的名字應該寫在稱謂的前方，例如「鄭興茱 興按鈕代表」，而不是「興按鈕 鄭興茱代表」。

訊息，應以簡潔的短句為主

若遇到緊急事務，建議用簡訊聯絡；如果需要針對某件事反覆溝通，則可以使用即時通訊工具，如 LINE、Kakao Talk 等。透過即時通訊軟體聯絡時，最好只講述重點，因為類似的聊天工具，目的都在於快速溝通，不適合發長篇訊息。長篇訊息的標準，是字數多到對方必須點擊「查看更多」才能讀完。一般人收到過長的訊息，很可能會因沒時間看，就直接關閉對話視窗，寄件人自然無法馬上收到回覆。因此，請將訊息控制在對方可以一眼讀完的範圍，簡潔明瞭地傳達重點。在對話視窗裡長篇大論，是一種過於貪心的行為；如果真的有很多話要說，不妨改成電話或電子郵件。無論內容有多麼長，在用訊息溝通時，切記要盡量縮短後再傳送。

寫訊息時，也應該像電子郵件一樣，把結論放在開頭，直接切入重點。別為了顯得親切，就在句子中加入各種表情符號、波浪號或笑臉等，親切並不是合作的必要條件。訊息請使用標準語，且儘可能寫出簡潔的短句，讓人能一目了然，迅速地理解內容。在工作上，訊息是會被保留下來的，送出前務必檢查內容有無錯別字；假如句子中有很多錯字，容易給人一種不夠細心、性格急躁的感覺。檢查錯字只需幾秒鐘，若連這點都做不到，不是行事過於隨便，就是對收件人不夠尊重。因此，若非與對方關係親近，一定要注意這些細節。錯別字也會變成一種習慣，為了凸顯自己的專業，在按下傳送鈕之前，記得多檢查幾遍。

其次，開場白能省則省，例如「最近過得好嗎？有件事想轉達給你……」、「某些部分我有點疑惑，想請教一下」，這類的語句其實不影響整體文意，刪掉也無妨。此外，「有些事想和你確認，請問方便通話嗎？」之類的訊息，會讓人難以評估要撥出多少時間，容易直覺地認為需花費很長的時間溝通，於是就直接回覆「現在不方便」。擅長處理工作的人，會在訊息中清楚表明重點，例如：

「這是十八日會議上主管指示的重點，一共有三項，希望能根據這些內容安排下次的課程。請問今天下午什麼時候方便通話呢？只要五分鐘就好。」

就像這樣，先在訊息中說明需要討論的事項，對方就能大概預測通話的內容。通常收到類似的訊息，我就會馬上回撥電話給寄件者。工作步調快的人，樂於收到對方即時的聯絡，反正預估的通話時間也不長。

我在三星電子講課時，有位負責聯絡的窗口，溝通能力特別出眾。他會這樣寫訊息：

「鄭興茱代表，您好：請提供下個月可開課的六個時段，希望能在二十五日前回覆，謝謝！」

我馬上就給予答覆，過沒多久，他又傳來訊息：「日期已確認，再煩請保留那幾個時段。」內容言簡意賅，而且連節慶假日的問候都很乾脆，例如：

「在三星電子的課程中，滿意度最高的就是您的講座。真的非常感謝，祝您節日愉快！」

對方處理事情總是乾淨俐落、清楚明確，所以每次收到他的訊息，心情都會很舒暢。

「通電話好難！」

隨著即時通訊、電子郵件等溝通管道愈來愈多樣化，使用電話的頻率大幅減少，於是開始有不少人覺得通話很困難。假如你也有同感，這裡有個令人安慰的消息——我也覺得通話很難。或許有些人會感到訝異：「口才如此出色，專門教授口語表達能力的人，竟然也覺得難？」沒錯，我平常儘可能不用電話溝通，而且很抗拒接到預期之外的電話。面對陌生來電，我一般選擇拒接，但有時仍會不小心按下接聽鍵。

這類電話，通常來自保險公司、銀行、信用卡單位或醫院，接起電話時，我不會主動發出聲音。當我把手機放到耳邊，對方會先說「喂」；如果我持續保持沉默，對方重複幾次「喂」、確認電話接通後，就會率先表明通話的目的。例如醫院可能是打來確認預約時間，而信用卡單位則是通知卡片即將到期。聽完對方的說明，我才會回答「是」，然後針對相關手續進行溝通，並且在結束通話前向對方致謝。反之，如果是詐騙電話或民意調查，我就會直接掛斷電話。

另外，有時因周邊人士的引介，會接到突如其來的工作邀請。這樣的來電總是讓我有些不悅，因為有人未經我同意，就私自把我的聯絡方式提供給第三者。和我熟識的人，通常懂得先詢問我的意願，才把聯絡方式轉達給他人。如此一來，我就會事先做好心理準備，等待對方主動聯絡。相反地，突然接到預期之外的電話，我的語調會瞬間壓低，在確認對方的姓名和公司行號後，便禮貌地請對方改以電子郵件聯絡。我傾向將通話時間控制在一分鐘內，之後也用郵件溝通工作的細節。

通話前先討論，並在上班時間內進行

通話前，應該先透過電子郵件或訊息來回討論，只把必要的項目留到電話中商議，也就是所謂的「電話會議」。我偏好線下或線上開會溝通，只有碰到相對單純的情況，才會選擇用電話討論。在通話之前，可以先發訊息，與對方約定好時間，例如：

「希望可以通十分鐘的電話，請問今天下午什麼時候方便呢？」

除此之外，業務上的聯絡，請儘可能以電子郵件或訊息代替通話，且無論選擇何種溝通管道，都務必在上班時間（上午九點～下午六點）內進行。如果需要在其他時間傳送課程講義、資料或稿件，我會在對方的上班時間內告知，事先取得諒解。例如：

「我會在明天一早寄出郵件，您上班後就能立刻收到。」

「我會在今晚寄出，麻煩您明天上班時確認一下。」

有些主管會在上班時間內頻繁打電話，而且每次通話時間都很長，讓人壓力倍增，是一種很不專業的工作方式。碰到緊急或重要的事件，無法接聽時會有未接來電紀錄，對方也可以留下訊息說明目的；如果一直堅持打到你接聽，或者因為你沒接電話而加以責備，那麼建議不要理會對方，別讓自己因為這種行為受影響。碰到類似的情境，不妨改以同情的角度看待：「這個人為何如此不安，好可憐喔。」試想，主管能夠無視禮節，不停地打電話給自己的上司或執行長嗎？絕對不可能。若情況過於嚴重，必要時可以向公司提出申訴。

一年三百六十五天，我大概有三百六十天都把手機設定在「勿擾模式」，這是我從事廣播工作後養成的習慣，希望手機能完全在自己的掌控之內。預期之外的來電之所以讓人感到不悅，原因就在於它會打斷我的專注力。我的一天總是充滿內容企劃、拍攝、講課、廣播、會議或寫作，我期許自己全神貫注地投入工作。然而，一通莫名的來電，很可能會分散我的注意力，導致原本專心的狀態中斷，這點讓我非常抗拒。因此，只有在事先約定好通話時，我才會暫時關閉勿擾模式，藉此在工作上發揮高度的專注力。當然，我也會在「我的最愛」裡，儲存十位以內的聯絡人，對我而言，他們的重要性勝過工作。只要特別將他們設定在名單中，就算手機處於勿擾模式，我也能立刻接聽對方的來電。

此外，我關閉了所有應用程式的通知，包括LINE、Kakao Talk、電子郵件、社群媒體和訊息等。我只會在自己想查看時，才進入應用程式中確認，即便如此，我的工作依舊運轉得十分順暢，效率甚至更高。我經常抽空與重要的家人或朋友見面，所以沒有人會因聯絡不上我而感到失望。希望你也能適度管控來自外部的聯絡，牢牢掌握生活的主導權。

Key Point

報告、電子郵件、訊息、通話的技巧

❶ 報告：報告時務必區分事實與意見，並加入「今日戰略」。

❷ 摘要：郵件先從結論寫起，再總結重要的內容。

❸ 簡潔：內容請按照重要度排序，簡潔明瞭地敘述。

❹ 通話：在通話之前，先以訊息告知內容。

Action

做一個擅長開會的人

❶ 檢討：從收件匣中找出一封寫得好的郵件。

❷ 分析：分析對方寫作的優點。

❸ 摘要：練習為信件的結論和重點進行摘要。

❹ 修潤：寫好詳細的內容後，試著多修潤幾次，讓信件變得一目了然。

34 成功人士共同的說話技巧

基於工作性質，我經常接觸到社會上的成功人士，有些是家喻戶曉的人物，有些則是韓國十大企業的高層。初次見面時，我總是忍不住在心中驚嘆和佩服，因為他們的成功可謂名副其實，即便只是短暫的交談，我也能從中學到許多。透過這些成功人士，我悟得一個道理：無論身處什麼領域，一個人只要爬到某種高度，言談與態度就是成功的關鍵。

在團體中格外突出的這些人，有一些共同的特點：他們深知時間寶貴、擁有驚人的執行力，並且樂於傾聽有益的建言。因此，無論分屬哪一個領域，他們總能迅速識別出與自己特質相似的人，然後與對方成為朋友。願你也能學會成功人士共同的說話技巧，在屬於自己的康莊大道上奮力前行。

☑ 驚人的執行力

成功人士一般會將時間以「分」為單位切割活用，我有一位學員，每天甚至有多達十七場的會議。有些人把行程的規劃交給祕書，有些人則是親自管理日程，追求將時間用到極致。無論是工作或私人生活，他們都不斷追求「效率」，做決策時迅速且果斷，不喜歡無意義的交談，覺得浪費時間是一種無能的表現。此外，成功人士相約見面的對象，大多是社會上的重要領袖，所以他們會格外地嚴守約定；若交通堵塞導致車程延誤，他們甚至會立刻下車改搭地鐵。與這類型的人敲定會議時間時，通常講求速戰速決。例如：

「您好，我是○○企業的代表△△△，透過□□□高層的介紹與您取得聯絡。最近正好覺得有需要進行演講能力的培訓，碰巧聽到了鄭興茱代表的消息，很希望有機會與您見面交流。請問未來兩週是否有空檔安排會議？再煩請撥空回覆，我會通知祕書確定會議的時間。謝謝！」

有時企業的代表會跳過人才培訓部門，直接發訊息和我聯絡，這種情況通常代表對方非常急迫。因此，我會儘快安排會議時間，通常是在我收到信的隔天，最遲不超過一週。有一次我在收到聯絡時，恰巧經過對方公司所在的地區，甚至還相約了當天見面。

通常在開完會後，對方就會毫不猶豫地立刻預約課程，因為他們覺得找到了合適的講師來引導口語表達。我特別喜歡這種行動力與速度，人的時間有限，所以我經常強調：說話要簡潔，發音要清晰；結論置於前，重點要明確。無論授課的對象是誰，我的執行力都非常強，保證只要聽過一次課，就能體驗到驚人的改變與成長；而我唯一的目標，也是快速提升學員們的表達能力。許多成功人士都很滿意我的執行力與速度，也就此成為了長期合作的夥伴。他們愈是積極往前推進，進步就愈明顯，課程也就不斷延續。當執行力結合了毅力，自然能創造出巨大的成效。

別總是舉棋不定，加快決策、迅速行動吧！面對生活中微不足道的瑣事，也要用執行力加以推進。舉例來說，與其拿著菜單猶豫不決，糾結「吃什麼好呢？」不如快速做出選擇，點好餐後專注於個人的事情上，或者與同行的朋友多加交流，如此對人際關係更有利。我很喜歡美食，決定餐廳和菜單的速度非常快，成功人士也對此感到驚嘆。

「很多人不擅長選菜，但代表您完全沒有這個困擾，直接幫我們都點好，一起用餐真的很輕鬆！」

其實，餐廳和菜餚的挑選，會在嘗試中不斷進步。愈是果敢地做出選擇，決策力和執行力就會與日俱增。身為一個成功人士，行動力自然不可或缺。

樂於傾聽有益的建言

有一次，我與一位外籍高層約在咖啡廳，進行了三十分鐘左右的面談。對方比我先到，在座位上等待，一看到我走進咖啡店，就起身簡短地打招呼，然後一起前往櫃檯點餐。在回座時我提議：

「要不要移動到裡面的位置？」

換好座位後，我直接切入正題，詢問道：

「您希望學到什麼呢？您覺得自己在口語表達上，有哪些部分需要加強？」

他表示自己經常要和韓國的政府官員開會，在對話上總有詞不達意的感覺。簡而言之，他想學習商務韓語。我立刻看出他需要改進的方向，並在一分鐘內掌握他的說話習慣。於是，我提出建議：

「您有三個部分需要調整。第一是發音，說話時，您的舌頭會外露，因為您用的是英語的發音方式。請跟著我試試看，把舌尖向上頂、貼近上顎，發出『南』的聲音。對，就是這樣。第二，說話時音量要保持平穩。您說話的音量剛開始中氣十足，但後面卻愈來愈小聲。說話時語尾要清晰，才能讓人感受到自信，也更符合您的職位形象。第三，手勢建議控制在胸部的高度。您現在的手勢會舉到臉部以上，韓國的官員通常不太使用手勢，但您可以用穩重且多樣的手勢，保留並展現自己的個性。另外，『非常』的發音不是『輝常』，請跟著我發發看唇齒音。」

這時，放在桌上的取餐機響了，他站起來去櫃檯拿咖啡，回來後對我說：

「真是太令人驚訝了！第一，您建議換座位。過去和我見面的人，就算對位置不滿意，也不會主動提出改變，但您考慮到這裡比門口安靜，所以提議換位置。我覺得您是一位能真心給予實用建議的人。第二，七年來沒有人糾正過我『非常』的發音，我到現在都一直以為是『輝常』。第三，我今天還學到了『南』的正確發音。第四，這所有過程，都發生在短短的五分鐘內。真是太棒、太驚奇了！請問什麼時候可以正式上課？」

全力以赴地度過每一天

我也感到非常訝異，他居然能在短時間內發現我的優勢，觀察力十分出色。我們立刻開始了課程，而且延續成長期合作的關係。就像這樣，我主要與企業的高層合作，與這些人相處，讓我感到相當自在。當我直言不諱地提出建議時，他們通常能馬上接受，並且迅速做出改變。

「從來沒有人這樣對我說過。」

許多高層都出現類似的反應。職階愈高，成長的路上就愈孤獨。因為仰望他們的人愈來愈多，給予建議的人卻愈來愈少。我長期與成功人士接觸，幫助他們提升表達能力，並藉由口碑吸引更多人。現在的一切，都歸功於我勇於提出有益的建言。

其實，在每一次的面談之前，我從不期待能轉成定期課程，我只是想著：「今天又要和有趣的人見面了，我能從中學到什麼呢？」每一回見面，對我來說都相當於最後一次，不管面對的人是誰，我的態度始終如一。亦即，今天有可能是我人生的最後一天。在會議上，我也會如實傳達心中所想，完成自己該做的事。我抱著全力以赴的態度過每一天，而這種方法，也帶來了顯著的成效。但願未來的你，也別再察言觀色，同樣的話只敢對某些人說，代表你做不到一視同仁。不管對方處於何種位置，切記，最重要的是今天的我過得有沒有意義。

過去十年，我在職場上的態度從未改變，有意見時就直言不諱，與高層溝通時也能應對自如。主管們都很欣賞這樣的態度，並且對我坦誠相待。擔任新聞主播時，我能穩重地與國會議員或市長等政治人物交流，順利完成節目。因此，我很早就發現這是自己的優勢，而這種能力的立基點，就在於「完全站在對方的立場著想」。**當我不考慮個人利益，盡力傾聽對方的煩惱，並提供他們真正需要的建議時，就能取得令人驚豔的成果。**

假如你覺得某位高層或特定人士難以親近，不妨回過頭來問問自己：「為什麼我會覺得困難呢？」職階所帶來的距離感，不是最根本的原因，或許是對方搶先一步擁有你渴望的事物，讓你心生羨慕，所以相處時才會覺得不自在。如果是這種情況，代表你正受到特定事物的刺激，與其單方面陷入困窘，不如努力去達成心中追求的價值。原因通常只有自己最清楚，試著觀察內心深處，找出真正的答案。

Key Point

與成功人士對話的技巧

❶ 時間：深刻感受到時間的寶貴。

❷ 效率：做事和說話都講求效率。

❸ 直言：有話直說，不拐彎抹角。

❹ 焦點：提議時，完全站在對方的立場著想。

Action

作為成功人士發言時

❶ 時間：全力以赴，度過珍貴的每一天。

❷ 效率：去除不必要的浪費與效率過低的行動。

❸ 直言：清楚且明確地表達，讓每個人都能聽懂。

❹ 焦點：時刻跳脫自我，從對方的視角看待事物。

第6章

優雅地處理情緒，讓對話變得更理智

有人說，和相愛之人「吵架的藝術」很重要，而我的解釋是：達成吵架的目的，才算是真正的「把架吵好」。假如對方因誤解而產生不滿，那麼應該消滅的敵人，是讓彼此日漸疏遠的「誤會」。

35 為了彼此著想的拒絕

因為關係親近，朋友就要求免費幫忙。

甲：這次的廣告需要插圖，但是製作費不夠，執行上有困難。

乙：啊，真的嗎？

甲：你可以免費幫我畫一次嗎？拜託你了！

乙：我嗎？可是……（想拒絕又說不出話）。

甲：下次我請你吃飯，幫我一次就好，可以嗎？

有時因周圍人的請求，無可避免地需要無償奉獻自己的才能。如果拒絕了請託，擔心會破壞彼此的關係，所以最後總是勉強去幫忙。然而，當這樣的事一再發生，就會開始覺得不懂拒絕的自己，才是真正的問題所在。

好人面具

其實，在難以推託的情況下勉強答應，反而更容易破壞關係，因為內心定會感到不是滋味。試著誠實面對自己吧，明明想拒絕，卻害怕關係變質而答應，這麼做只會變成一種心理負擔。朋友知道我不好意思拒絕，所以開口提出請求，讓我覺得自己就像被利用，除了難過之外，甚至在心中產生埋怨。經過這件事後，開始刻意和對方保持距離。

我們總是隱藏自己的真實想法，戴著所謂的「好人」面具。無法拒絕他人的原因，其實是因為我們希望自己「看起來像個好人」，真正擔憂的不是朋友的感受，而是「自己的形象」。倘若拒絕對方，似乎會被指責為什麼連這點小忙也不願意幫，甚至連周圍的人都對自己留下負面印象。不過，有一點務必銘記在心：拒絕，並不會使關係變質。**我們拒絕的，只是朋友提出來的「事」，而不是朋友這個人**。如果想和對方維持良好的關係，就必須學會在該拒絕時果斷拒絕，如此才是真正顧及雙方的做法。

為了守護自我的必要性拒絕

首先，拒絕是為了守護自我。如果無法拒絕他人，就會因此失去其他事物，因為每個人的時間都有限。在蓋瑞・凱勒（Gary Keller）、傑伊・巴帕森（Jay Papasan）的《成功，從聚焦一件事開始》（*The One Thing*）裡，也提到有關拒絕的觀點：

「勇於說『不』吧。切記，答應一件事，就等於拒絕其他所有事物。無論任何情況，都不該阻礙你心中的優先順序。」

《成功，從聚焦一件事開始》強調，我們每天應該只專注於人生中最重要的一件事。如果想達成目標，就需要一定的時間，把時間花在不重要的瑣事上，真正重要的事物就會被擱置。倘若對目標有清楚的認知，那麼拒絕的理由也會變得篤定；反之，若沒有明確的目標，就會找不到理由拒絕，總想著「算了，就當作幫個忙吧」。然而，我們必須掌握生活的主導權。

找出人生的優先順序吧。當你專注於眼前的工作，為實現目標而努力時，就必須堅守自己的立場。另外，書中也提到我們必須確保自己的休息時間。

「成功的人在每年年初都會先規劃好休假時間，為什麼呢？因為他們知道自己需要這段假期，也有資格放鬆休憩。（中略）如果忽視個人的『充電』，就無法用快樂的心態去延續成功的狀態。因此，請先定出自己的充電時光，再進一步安排專注於目標的時間。」

像我這種習慣在請假時察言觀色的人，不是匆匆安排自我行程、就是乾脆放棄休假，這段話帶給我全新的衝擊。結束十年的職場生涯，創業後，讓我最幸福的部分，就是可以完全掌控自己的時間。自從二〇二二年讀過《成功，從聚焦一件事開始》後，我就會提前規劃並努力守護自己的假期。期間內，我婉拒講座、會議、節目等邀約，和家人或朋友一起旅行，或者獨自沉澱，追求自我成長。因此，即便工作日程忙碌，我仍然完成了自己的第二本書，生活也變得更加幸福。

對我而言，講座、會議和節目邀約都非常有趣且重要。不過，比起這些事，我更重視自己的時間與珍貴的對象。為了守護人生的優先順序，我學會拒絕次要的事物，如此一來，在回絕其他瑣事時，也會變得更加容易。如今，我已能夠婉拒對目標無益、否定自我價值或占用時間的事，而這一切，都是為了把自己的生活過得更好。

仔細衡量自己的利益得失

當你對人生的優先順序有清楚的認知時，拒絕就會變得明快和簡單。對於應立即推辭，或是內心感到不舒服的請求，可以直接回絕，例如告訴對方「時間不允許，我還有其他事要完成」等。婉拒時，建議保持開朗的語調，不必為此感到抱歉；應該歉疚的是提出請求的一方，而不是鼓起勇氣拒絕的人。假如你的拒絕讓對方感到不悅，那麼不妨重新審視一下彼此的關係。因為一點小事就鬧脾氣，代表朋友並不尊重你，這樣的關係可以慢慢疏遠。切記，如果你是一個好人，在人生的每個階段，都會有新的好朋友出現。

不要說出「下次再幫你」這種話，因為這並非心底真實的想法。如果只是因為不好意思拒絕，就跟對方說「下次再幫你」，只會讓對方繼續提出請求，要你幫忙做你根本不想做的事。我曾經因為不想接某件工作，就告訴對方：「這個月行程太滿了，沒辦法幫忙。」結果對方開始問：「下個月呢？或者下下個月也可以。」我立刻後悔自己的表達過於模糊，反而讓對方覺得還有機會，只好再一次明確地回絕。

「我沒有理由做這件事，對我來說沒有任何好處。」

有時周邊會有人要求免費幫忙，貢獻自己的才藝。但是，志工應該是由自己主動參與，選定真正需要幫助的地方，而不是被他人強迫無償勞動。如果對方要求你無償協助，而且還具有商業目的，那麼就算是一種勞力剝削。因此，在決定之前，不妨先考慮一下自己的利益吧！在對方有所得的情況下，我的「免費勞動」能否獲得回報呢？對未來有幫助？如果只是浪費時間，不妨斷然回絕。

如何拒絕突如其來的請求

對於那些理當拒絕的事，應該一刻都別猶豫，馬上向對方說「不」。但是，當要求來得過於太突然，有時很難在當下直接回絕，而對方也會趁你猶豫的空檔，以情緒勒索的方式逼你就範。面對這種情況，可以明確地表示：「這個請求太突然了，我需要一點時間考慮」，暫時擺脫尷尬的氛圍。此外，為了讓對方有時間尋覓新的人選，務必告知答覆的期限，例如：

「讓我思考一下，下午三點前回覆您。」

在確保有足夠的時間思考後，不妨從個人的立場上，衡量看看這件事能帶來什麼利益，再回覆對方意願。

突如其來的請求，大多是因原本的負責人臨時有事，導致進度延宕。因此，就算婉拒對方的請託，也不會出現什麼問題，更不會傷害彼此的交情。其實，在對方提出請求前，早就已有了被拒絕的心理準備，請放心表達自己的意願。若平時就懂得如何拒絕他人，定能培養出更明智的判斷力，去面對和處理中途插進來的工作、不合理的要求，以及違背個人信念的請託等。此外，你也會更喜歡這樣勇於堅守原則的自己。

如果有人向你借錢，該如何應對呢？

假如對方事臨時需要現金，並且能在一～二天內還款，這種情況還算容易解決。通常最大的難題，是對方不斷強調自己的處境有多艱難，並且要求你借錢給他。這時，你是否會同情對方的遭遇，覺得不借錢顯得過於冷漠？或者擔心拒絕會讓自己看起來太吝嗇？我在二十幾歲時，難以理解那些開口向我借錢的人，既非交情深厚的朋友，看起來也沒有還錢的意思，我們的關係甚至還不到可以提出金錢方面的請求。當我無法理解對方時，自然也不會答應借錢。缺錢的話，應該想辦法賺錢不是嗎？如果錢不夠，應該先縮減開銷，而不是維持原本的生活，然後向周圍的人要錢。這種行為十分自私亦有違常理，所以我直接與對方斷絕來往。現在回想起來，仍覺得當初的決定沒有錯。

一般來說，借錢的人都是為了滿足個人利益，有可能是買房的資金不足、積欠信用卡債，又無法向家人開口、信用不良、向銀行或保險公司借貸時，需要支付高額的利息等，才會向周圍的朋友借錢。此外，只要借過對方一次，未來碰到需要錢的狀況時，對方就會一次又一次地找上門。如果借錢給對方會讓自己陷入窘迫，就應該毫不猶豫地回絕；不必擔心自己顯得吝嗇，那是經濟寬裕的人才需要考慮的問題。假如你也需要養家、支付生活費或償還利息，就沒有餘力去顧及別人的狀況。

如果真的遇到特殊情況，需要借錢給對方，切記用書面的方式明確記錄債務關係，如借款日期、金額、還款期限、利息等，約定好後再把錢借給對方。此外，利息要比市面上的銀行再高一點。如果不這麼做，除了借出去的錢收不回來，連朋友也會一併失去。

Key Point
拒絕是為了彼此著想

❶ 關係：拒絕是對事而不對人。

❷ 目的：確立人生的優先順序，拒絕的理由就會變得清晰。

❸ 利益：衡量對方的請求是否對我有幫助，或者能否從中獲利。

❹ 拒絕：拒絕時，立場要堅決且明確。

Action
練習拒絕

❶ 順序：定出人生的優先順序。

❷ 過去：回憶過去想拒絕的瞬間。

❸ 預習：把下次遇到類似情況時要說的話寫下來。

❹ 發聲：大聲地念出來，修正成堅定且明確的語氣。

36 談論或聽到流言時的注意事項

公司前輩在說後輩的壞話，雖然後輩和自己是關係親近的同事，但還是先附和前輩的話。

前輩：昨天和你同期報到的那個同事在活動上遲到了，開場完全亂七八糟。
後輩：真的嗎？他遲到了多久？
前輩：遲到了三十分鐘。我身為前輩，還提前一小時到現場。
後輩：天啊！怎麼會這樣？
前輩：大概還搞不清楚狀況吧，之前也這樣。
後輩：真的嗎？他之前也遲到過？太誇張了！

附和這些閒言碎語，會招來什麼樣的後果呢？流言將無止境地蔓延。聽的人如果應聲附和，說的人就會得意忘形，甚至開始挖過去的經歷來詆毀他人。在背後說人閒話，你的心情如何？通常會莫名地感到不自在，或者產生擔憂與罪惡感。此外，把時間浪費在說三道四上，是一件非常可惜的事。

無用的流言蜚語

愈是刻意詆毀他人，就愈像是跌入垃圾桶深處。猶太經典《塔木德》裡有這樣一段話：

「謠言，將害死謠言製造者、謠言傳播者，以及謠言當事者。」

製造流言蜚語，實際上無法解決任何問題，只是求一時痛快，誤以為有人和自己站在同一陣線。任意地貶低他人，反而會使自己聲名狼藉，形象受損，不僅失去信任，甚至可能遭受孤立。追根究柢，在背後說人壞話，其實就是沒有勇氣當面直言，所以只能尋求聲援，一起指責那個「可惡」的人。這種行為，無異於弱者的表現。

聽了流言蜚語後，若再次面對當事人，很容易產生先入為主的偏見，對自己的人生造成負面影響——透過他人的言語來看待世界，會使判斷力變得薄弱。有明確主見的人，只相信自己親身經歷、所見所感的事物。真相只有當時在場的人知道，且即便是當事人，對事情的解讀也各不相同。因此，別把時間浪費在謠言的製造和散播，面對分秒珍貴的人生，應該去做對自己更有益的事。

假如有人詆毀我

如果有人在我的背後閒言閒語，就找個機會和對方面對面談清楚。有一次，和我同期進公司的同事到處講我的壞話。剛進公司時，她就習慣性地詆毀他人，後來，她開始刻意避開我，抓著不相干的人談論我的是非。直覺敏銳的我，很快就從她的眼神、語氣，以及說話時微微壓低身體的動作，察覺到她正暗地裡中傷我。因此，某天在辦公室碰面時，我直接開口說道：

「姐，我們聊一聊吧。」

懦弱的謠言製造者，一接到我正面投出的直球，明顯嚇了一跳。接著，我們坐在會議桌的兩端對質。

「如果你對我有什麼不滿，請直接告訴我。有什麼問題可以現在說，我都願意聽。」

對方用微弱的聲音嘟囔著：

「唉呦，不是啦，我只是有點擔心妳……。」

她開始裝傻，是犯錯者典型的特徵。我直視她的眼睛，語氣堅定地表示：

「希望從今天開始，不要再讓我聽到妳到處講我的壞話。這不是請求，是警告。」

從那天起，就沒有人再說我的壞話。試著讓自己變堅強吧，加強言語的力道來保護自我。去掉情緒，用低沉且堅定的聲音說話，如此就能掌握氣勢。相信你也具備堅韌的力量，足以守護好自己。

將對方從過去拉回現在

別附和謠言或詆毀他人，無論是在職場或日常，都一定要特別注意。有些人一開口就是批評，因為他們沒有學到與人相處的正確方式。曾經中傷我的同事，就是屬於這一種類型。附和他人的閒言碎語，其實也相當於參與其中，而且無法實際改變情況。

假如你喜歡的對象正在詆毀他人，可以試著助他轉換心情，脫離過去不愉快的記憶。「現在」通常會比「過去」好，因此，對話時不妨把焦點放在「現在的感受」，而不是「過去的事件」。舉例來說，前面提到的情境，可以把對話的主角從「被詆毀的後輩」換成「前輩」。

「天啊！真的嗎？」

這種反應，只會讓前輩沉浸在過去的回憶裡。

「他做了什麼事？」

這種表達方式，則是採取第三人稱的視角。如果想把焦點集中於現在，讓前輩變成對話的主角，可以這樣說：

前輩：昨天和你同期報到的那個同事在活動上遲到了，開場完全亂七八糟。

後輩：真的嗎？您一定嚇到了吧。活動順利結束了嗎？

前輩：嗯，還好順利結束了。他以前也這樣遲到過。

後輩：幸好沒出問題。前輩您現在心情還好嗎？

前輩：當然，現在已經好多了。

將這個方法應用在謠言製造者身上，很快就能終結流言蜚語。在背後詆毀他人的人，其實是希望自己的心情能被理解。換句話說，他們的內心藏著一種撒嬌的心理，渴望讓人知道自己當時有多麼驚訝和慌張，亦即「某個人造成問題，但我還是順利完成了工作。他真的很莫名，但我是個能力不錯的人」。乍看之下，他們似乎在要求你加入謾罵的行列，但實際上是渴求安慰、鼓勵、信任與肯定。

將責任推給別人、對不熟的人發牢騷、在背後嘀咕，這些行為都屬於詆毀的一種。假如你也有這種習慣，務必從現在開始改變。電影《菜英文沒在怕》裡，有一個角色名叫宥娜，是個經常獲得上司稱讚的優秀人才。雖然她只有高中文憑，但是卻比大學畢業的同事們更加能幹。因此，許多同事對她心生嫉妒，故意在背後說三道四，甚至還汙衊她是「心機女」。某天，宥娜在電梯裡遇到其中一位中傷她的同事，直接給對方一記反擊：

「別光顧著談論我，先管好你自己吧！」

這句話讓我忍不住拍案叫絕！在背後說人閒話，只是把自己的生命浪費在他人身上，與其如此，還不如專注於提升自我。

對方聆聽抱怨時的反應

有時我們也會忍不住想發牢騷，因為人的本質相當脆弱。雖然我不喜歡在背後說他人的閒話，但有時仍會想藉由罵人來發洩情緒。不過，我希望讀者們能夠避免毫無意義的詆毀，例如不要把造謠當成拉近關係的手段，或者拿來當作填補對話空白的談話內容。

當我們感到委屈、無法好好表達自己的想法，或者因為氣憤想與某人斷絕往來時，就會想向身邊親近的人抱怨，甚至說些對方的壞話。但問題在於，這樣的謾罵會導致我們與親近之人起衝突，因為對方的反應很可能不如預期。

這裡，我想提出一個方法：明確地向傾聽者表達自己想要的反應。因為對方不知道你期待什麼，所以只能按照自己的方式回應。舉例來說，妻子在抱怨他人時，如果聽的人跟著附和，不滿的情緒就會有所緩解。於是，當丈夫在抱怨朋友時，妻子也跟著用力批評，沒想到丈夫卻冷冷地回應：「我的朋友沒那麼糟，你別講得太過分。」這時，火苗突然燒到妻子身上，兩人反而為此大吵一架。

每個人都會在自己的腦中分析並判斷情況，因此，當抱怨的方式不一致時，就容易引發爭執。有些人會嘗試解決問題，有些人只是單方面附和，最後導致抱怨失去了紓壓的功效。因此，在與他人相處時，必須互相調整面對抱怨的節奏與態度。演員韓佳人與延政勳夫婦，至今都能保持甜蜜的原因，就在於抱怨的方式相當契合。例如當韓佳人抱怨：「因為○○的關係，今天真的累壞了！」延政勳就會回應：「○○？那個人簡直是個瘋子！」表現得比她更加氣憤。假如你想和戀人、家人或朋友一起聊某人的壞話，不妨直接點破：

「我現在很想罵某個人，請你一定要聽我說。」

接著，請具體地告訴對方你希望獲得的反應，例如：

「你只要附和我就好，我現在需要有人和我站在同一陣線。我每講完一件事，你就點點頭附和，也可以表現得比我更生氣。懂了嗎？」

當對方按照你期望的方式回應時，負面情緒很快就會獲得紓解，自然而然地脫口說出：

「好了，我現在心情好多了！」

抱怨時，不妨設定一個時間限制，這樣對方也能更專注地扮演好傾聽者的角色。建議事先設好鬧鐘，十分鐘一到就結束話題。遵守約定的時間，對方下一次才會願意聽你訴苦，否則長時間聽抱怨，任誰都會覺得疲倦。

Key Point

應對流言蜚語的方法

❶ 詆毀：在社會生活上，切勿暗地裡詆毀他人。

❷ 現在：把對方的視角從過去拉回現在。

❸ 話題：將對話的主角從「當事人」替換成「造謠者」。

❹ 請求：想抱怨或訴苦時，請求他人予以傾聽。

Action

渴望藉由抱怨紓壓時

❶ 方式：寫下自己發牢騷時，希望對方給予什麼樣的反應。

❷ 忍耐：盡量忍耐，真的忍不住時再抒發抱怨。

❸ 目的：反省自己是不是為了和某人親近，才刻意講他人的壞話。

❹ 簡潔：抱怨時講求簡短精練，把時間壓縮在十分鐘以內。

37 將爭議最小化的技巧

上了中學的兒子，動不動就砰的一聲關上房門。此時，媽媽若主動向他搭話，兒子的語氣也充滿了不耐煩。

媽媽：放學回來後，應該向媽媽打聲招呼啊。
兒子：喔（不耐煩的語氣）。
媽媽：說話時，應該要看著我的臉啊。
兒子：我回來了！（砰的一聲關上房門）
媽媽：我不是說過關門不要那麼大聲嗎？你那是什麼語氣？你對我有什麼不滿嗎？給我出來講清楚！

家裡總是沒有安寧的一天，養育孩子為何如此辛苦呢？小時候那惹人憐愛的男孩，臉上時常掛著笑容，但不知不覺間他已長大成人，現在甚至連看都不看媽媽一眼。媽媽覺得自己被兒子無視，內心五味雜陳，她希望兒子能謙虛有禮，所以經常要求他注意說話的語氣。此外，兒子用力關門的模樣，看起來像是在用暴力發洩情緒，於是她急於糾正這樣的行為。類似的問題，導致家裡天天鬧得不可開交，不是處於冷戰狀態，就是一開口便吵架。

把「我」抽離開來思考

兒子真的討厭媽媽嗎？真的連看媽媽一眼都不願意嗎？或許是、也或許不是，答案只有兒子本人知曉。因此，媽媽應該詢問兒子為什麼出現這樣的行為，而不是一味地責備。媽媽總是用自己的視角看待孩子，認為他做了些違反常規的事。例如年輕人應該對長輩有禮，但兒子沒有遵守，於是就認定他偏離正軌，甚至覺得他無視父母。換句話說，媽媽之所以對兒子發火，是因為從「我」的角度出發，覺得兒子不聽話。

夫妻或情侶之間，也經常因為類似的原因發生爭執。例如一方把事情的經過交代的鉅細靡遺，但另一方的回應卻十分冷淡。「既然這樣，乾脆不要上班好了」、「為什麼要把外面的情緒帶回家」，對各種瑣碎的抱怨感到不滿。相對的，發話者也無法接受對方不耐煩的語氣，內心愈來愈憤怒。

「你講話一定要用這種語氣嗎？幹嘛對我發脾氣啊？真令人厭煩。」

在尚未聆聽對方的想法，不曉得他為什麼心情不好的情況下，就因為他表現出來的態度感到失望和難過，然後開始生悶氣。

即使是家人或伴侶，想法也不可能和我一模一樣，但我們卻經常把自己和對方劃上等號，任意地判斷和定義。假如能把自己抽離開來，就不會對他們的態度感到不悅，反而會擔心：「他不是因為我才這樣，是不是發生了什麼事呢？」我們之所以心情不好，是因為覺得對方在對「我」發脾氣，或者無視「我」的存在。因此，當家人或伴侶表現出不耐煩時，不妨試著先把「我」抽離，這樣情緒就不會受到影響。

別只看事情的表面

當我們試著把自己抽離時，就不會被眼前的表象所侷限。對方的態度或言行，其實是內心某種需求的展現，無論是孩子或成年人，都很難察覺並表達自己的情感。有些人會發脾氣，用帶有情緒的語氣說話，或者反應冷淡，甚至陷入長時間的沉默。這些行為的出現，往往是因為內心深處的結沒有解開，或是當事人正在面臨困境。

試著去發掘背後的真相吧。假如孩子頻繁地發脾氣、出現暴力行為，不妨問問他為什麼這麼做。是不是有什麼事我疏忽了？孩子在學校是否遭到不當對待？或者和好友發生衝突？如果他曾經是個溫暖且開朗的孩子，那麼現在依然沒有變。粗魯的行為和不耐的口吻，不代表他偏離了正軌，在擔心孩子會不會變得沒禮貌之前，請先傾聽並安撫他心中的悲傷、不安與擔憂。孩子其實非常渴求父母的關愛。

對家人和伴侶也一樣，當你進一步了解之後，可能會發現他們有很多未說出口的話。或許是因為你沒能仔細傾聽、沒有主動詢問，也或許是因為你工作太忙，根本沒有餘力給予關心，以致於對方只能把情緒壓在心底。有些人會問：「為什麼不冷靜下來好好說，非得發脾氣，讓雙方心情都不好呢？」如果內心有這樣的想法，代表你還只站在自己的立場上看事情。每個人表達負面情緒的方法不同，我們需要接受對方「有可能這麼做」，並試著去探究背後的原因，不能僅停留在表象。

主動開啟對話之門

從此刻起，讓我們主動伸出手，邀請對方進行對話吧。不過，過程中有一點需要特別注意，切勿像是在給對方辯駁的機會一樣，用審問的口氣要求他「坐下來，說說看為什麼這樣」。尤其是父母在面對孩子時，若使用類似的語氣，很容易讓人覺得自己在對話開始前就已被定罪。如果非要計較過失，錯的也應該是父母，因為過去從來沒有好好傾聽孩子的心聲。唯有在相信自己說實話也能受到保護的情況下，孩子才會誠實地吐露內心的感受，否則的話，他們只會將心門鎖得更緊。不妨試著這樣開啟對話：

「最近是不是有什麼事讓你心煩？看你大發脾氣，還用力甩門，感覺好像遇到什麼不順心的事，可以和我說說嗎？」

說話時，務必注意自己的語氣和表情，讓對方覺得自己能暢所欲言。很多時候，子女不願意說出心裡話，是因為害怕父母知道後會擔憂，他們其實更擔心父母的感受。如果父母能用平靜的語氣，緩緩地提出對話邀請，孩子就能相對感到安心。

倘若父母過去總是以訓斥為主，現在突然改變態度，可能會讓孩子感到困惑和戒備。此時，父母必須先坦白自己的想法：

「過去媽媽總是對你發脾氣，真的很抱歉。我應該要傾聽你的心聲，但我卻沒有做到，現在想起來真的很內疚。對不起，是媽媽讓你難過了。」

別急著想得到孩子的回應，即使你表達了真心，對方也不一定會馬上敞開心扉。眼前的情況對孩子來說可能很陌生，導致他們陷入猶豫和不安。這時，也千萬不能突然變臉，催促孩子：「拜託你趕快說，不要讓我一直乾著急！」請試著這樣表達：

「等你準備好了，隨時都可以跟我說。媽媽永遠站在你這邊。」

主動伸出手，是為了讓孩子明白：「我永遠在你身邊」，傳達出「我是你的避風港」的訊息，給予滿滿的信任。亦即，當你開心時，隨時可以來分享喜悅；當你難過時，也能在此痛哭一場。

別急著計較，先表達自己的感受

在發生摩擦和爭吵時，我們有時會不斷地究責，直到對方承認自己的失誤為止。

妻子：我不是說過吵架時不要看手機嗎？這樣只會讓我更火大！
丈夫：我沒看啊，只是確認一下現在幾點。
妻子：你明明就看了啊，一下打開訊息，一下又瀏覽網頁。
丈夫：我就說了沒有。
妻子：真的是很嘴硬，剛才我親眼看到的。
丈夫：我真的沒有，你為什麼不相信我？

雙方都堅持自己是對的，彼此爭論不休，但最後往往得不出結論。**在面對親密關係時，別浪費情感去進行無意義的真相攻防**。如果真的有話想說，就誠實地表達出來，也就是把自己當下的感受告訴對方。別一味地指責「你現在是無視我的話嗎？」，像這種表達，相當於認定對方沒有認真聽我說話，窮追不捨地逼對方承認錯誤。從現在起，試著深入表達內心的感受吧，例如：

「當我說話時，希望你能看著我的眼睛。別分心做其他事，把注意力放在我身上。假如你不看著我、不聽我說話，我就沒辦法如實表達自己的感受。」

不是對方的行為有錯，而是我不喜歡對方的某些行為。在辦公室裡，旁邊的同事盯著螢幕和我對話，我完全不會產生情緒波動；但是當另一半做出同樣地行為，我就會變得心情不好。因為有別於一般情況，與其期待對方主動按照我的心意行動，不如直接點破，請對方照著執行。

假如已再三強調過，請求對方別做出我不喜歡的行為，但他還是經常忘記。這時，也別劈頭痛罵：「我已經講過幾次了，你又這樣？是真的沒把我放在眼裡吧？」不管說過多少次，每個人都有不易改變的習慣，你也很難一下子改變自己，不是嗎？試著把我和對方分開來看，繼續耐心地給予提醒吧。對方並沒有做錯事，別把他當成罪人看待。讓我們把對話引導成「抱歉，我忘了（你不喜歡我這樣）」，而不是「對不起，我錯了」。

Key Point

減少摩擦的對話法

❶ 分離：別只想著「為什麼對我發脾氣」。

❷ 表象：觀察對方「今天是否有什麼不開心的事」。

❸ 請求：詢問對方能否聊一聊今日的不順心。

❹ 表達：吵架時，如果討厭對方做出某些行為，就坦白地提出要求，請對方避免。

Action

回顧與相愛之人吵架的情況

❶ 回想：回想自己因對方言行而受傷的經歷。

❷ 立場：思考看看在對方的言行背後，是否有未被表達出來的欲望。

❸ 請求：將自己說過的尖銳話語改成請託。

❹ 表達：吵架時，希望對方不要做出哪些行為呢？請用請求的語氣寫下來。

38 不傷害自己的憤怒表達方式

人生在世，難免會遇到無禮或令人不快的事，例如職場霸凌、性騷擾、辱罵、冒犯的行為等。這些情況往往出現得很突然，令人在當下難以應對。受害的人經常這麼說：

「我不知道該怎麼表達憤怒。想發火時，眼淚卻先掉下來。」

「我想理性地表達，但生氣時卻無法控制自己。」

「我想把對方的錯一一指出來，並要求他向我道歉。」

「我不想再忍了，每天都要看到他，實在太痛苦了。我希望自己能機智地應對無禮的人。」

朋友遇到難過的事情時，都會前來找我訴苦。他們會描述自己的遭遇，並按照內心的想法，告訴我自己想對加害者說什麼。接著，我會重新梳理他們的心聲，以清晰且具有邏輯的方式，教他們如何與對方溝通。通常按照我的方法去理論後，都能獲得對方道歉，而事情解決後，朋友的心情也瞬間變得暢快。此外，有時當親近之人受委屈、淚流不止時，我甚至會代替他們出面與對方爭論，直到獲得道歉為止。

當然，我不可能一直幫他們出面討公道，於是我決定把自己在辯論中取勝的方法傳授出去，「優雅取勝的方法」這堂課，就是在上述的背景下誕生。我從未在爭吵中輸過：曾勇於對抗公司不公平的處置，敦促高層修正規範；抓住性騷擾犯並將其送上法庭，最終獲得有罪判決；對於那些任意辱罵的無禮之人，則以令他們感到羞愧和難堪的方式回擊。我相信自己能透過言語取勝，並覺得這是一種「優雅的勝利」。但事實上，一切不過是我的錯覺。

透過非暴力溝通，理解生氣的原因

在《非暴力溝通》（*Nonviolent Communication*）第十章〈充分表達怒氣〉中，提到過下列的內容：「我堅決相信如果我把人的行為貼上『粗心大意』或『認真盡責』的標籤，或者把別人貼上『貪婪』或『品德高尚』的標籤，就是在助長暴力。如果我們想讓生命更加美好，與其評定那些殺害、強暴他人或汙染環境者是什麼樣的人，不如把注意力放在自己的需要上。所有的怒氣背後，其實都有一個沒有被滿足的需要；如果我們想充分表達怒氣，就必須深入體察自己的需要，然後以『我很生氣，因為我需要……』，來取代『因為他們……所以我很生氣』的說法。我們之所以憤怒，是由自己的想法所造成，只是我們並沒有意識到這一點。所有的暴力，都是因為我們相信他人造成了我們的痛苦，應該受到懲罰。」

這本書，精準地擊碎我錯誤的觀念。我渴望活在一個人人都能安居樂業的世界，但是，我並未努力去滿足心中的想望，而是把精力耗費在那些激怒我的事物上，像是懲罰性騷擾犯、無禮或辱罵他人者。我一直堅信，當我完全符合正義、對方百分百犯錯時，就理所當然應該生氣。

勝者從一開始就注定是我，我傾盡全力，按照自己規劃的腳本走，期待透過微小的付出，有一天能讓世界變得更好。不過，最近發生的一件事，讓我開始對過去慣用的方式產生懷疑。

不久前，我到一家公司演講時，聽到了帶有性騷擾意味的言語。當時的我感到非常挫敗，在毫無防備的狀態下遭遇這樣的事件，心中既無奈又難受，憤怒的情緒亦隨之爆發。至今為止，我不斷守護所謂的正義，但社會並未因此有所改善，類似的問題依然在社會的各個角落肆虐。看似安全的職場、學校、家庭，甚至是市中心，各種可怕的事件仍持續上演，不管是誰都有可能成為受害者。因此，我想知道究竟要用什麼方法，才能讓這個世界變得更好。

而《非暴力溝通》這本書，讓我徹底地醒悟。起初，我對書的內容非常反感：「被傷害時，難道要無條件忍讓嗎？明明是他們的錯，為什麼說我暴力？」立刻就把書闔上。不過，最後我還是反覆讀了好幾遍——如果我的行為真的在助長暴力，那麼無論如何都要停下來。

「我們之所以生氣，是因為自己存著責備、批判他人的想法。」

我在這句話的底下劃線，並大聲地讀出來。其中有一個例子，讓我不斷地點頭稱是，因為它精確地說明了想法如何影響我們的反應。假設我與某人約好見面，但對方卻遲遲未到。這時，如果我希望對方重視我們之間的約定，可能就會有「受傷」的感覺；如果我想要有效的運用時間，可能就會感到「挫折」；但是，如果我正好希望自己能有段時間靜一靜，可能反而會「慶幸」對方遲到。由此可見，憤怒其實是來自於個人的想法。

練習將憤怒轉化為「表達需求」

「意識到自己的需要，就能感受到生命的能量。」

《非暴力溝通》介紹了一種方法：將憤怒轉化為對需求的表達。別一味地認為是對方的行為惹我生氣，而是要在生氣的瞬間覺察內在的情緒，找到心中未被滿足的需求，然後用具體的語言表達出來。

有一次，某家公司的執行長向我提出合作案，我們敲定一場會議，預備討論合作可能帶來的利益。不過，當天的會議執行長沒有出席，而是由某位理事代替，他一見到我就說道：

「沒想到妳是女的，我還以為開會的對象是男性。公司的名字是『興按鈕』？我沒念錯吧？能介紹一下貴公司是做什麼的嗎？」

他既不知道我的名字，也不認識我的公司。我好不容易才忍住怒氣，先介紹公司的業務，然後再詢問合作可能帶來的利益。沒想到，他竟然回我「不知道」，還說「未來的事誰能預測」。那麼，為什麼要開這場會呢？但是，如果當時用非暴力溝通的技巧，把憤怒、需求和感受連結起來，就可以將「這個笨蛋惹我生氣」，轉化成「因為時間寶貴，所以我很生氣」。換言之，我想被滿足的需求，是專業性、尊重與價值。

「理事您說『未來的事誰能預測』，這讓我覺得很困惑，因為這是我們第二次開會，我原本期待能互相交流意見，為更好的未來努力。方便請教一下您是如何理解這項合作案的嗎？」

接著，讓我以親身經歷過的性騷擾事件為例進行分析。當時，我用輕蔑的語氣，反擊那位說出性騷擾言語的人：

「你知道自己的言論會構成性騷擾嗎？貴公司不是每年都會放宣導影片，防治職場性暴力和性騷擾嗎？你明知故犯，是因為不知輕重呢？還是覺得我是外部人士，對我性騷擾也無所謂？沒想到如今在大企業裡，還有這種低俗的人存在。我來這裡不是為了被你騷擾，而且也不會睜一隻眼、閉一隻眼。」

試著將憤怒與自己的需求和感受連結起來，就可以把「我被他性騷擾而生氣」，轉化成「我重視自己的工作價值，所以覺得生氣」。我想被滿足的需求，是成就感、有益性、信任和尊重。如此一來，表達也會跟著改變：

「當我聽到性騷擾的言論時，內心突然覺得很挫敗。因為我來企業講課，總是抱著全力以赴的態度，希望在彼此尊重的氛圍裡，為學員傳遞有益的知識。你能理解我現在有多灰心嗎？」

這種表達方式需要努力，我自己也覺得非常困難，《非暴力溝通》建議我們慢慢改變。下次若湧起憤怒的情緒，在攻擊對方之前，不妨先停下來集中思考：**自己真正想要的是什麼？如何才能實現需求？自己的能量應該花在哪裡？然後一步步自我調整**。

Key Point

表達憤怒時需要注意的部分

❶ 憤怒：憤怒是因為認定對方做出錯誤的行為。

❷ 分離：他人的行為或言語，不是引發憤怒的原因。

❸ 需求：覺察自己未能被滿足的需求。

❹ 表達：與其發脾氣、處罰或批評他人，不如表達出內心的需求與感受。

Action

回顧過去被激怒的經驗

❶ 憤怒：回想過去生氣的瞬間。

❷ 回想：寫下自己當時表達憤怒的手段。

❸ 需求：思考看看自己當時未被滿足的需求。

❹ 表達：用非暴力溝通，把自己的需求和感受表現出來。

39

如何在日常生活中管控好情緒

某次連假期間，我病得很嚴重，於是去了一間全年無休的醫院掛號。但是，我發現比我晚來的人，卻比我早進去接受診療。不管我等了多久，都沒叫到我的名字。面對這種情況，其實我可以生氣地去找護理師抗議：

「為什麼比我晚到的人，卻比我早進去看診？我已經等了超過三十分鐘，有三位比我晚到的人都進去看完診了。」

如果愈說愈激動，還可能抱怨道：「要不是我病得很嚴重，怎麼可能大老遠跑來這裡！你們對待病人也太隨便了吧！」然而，我並沒有這麼做，因為我很清楚，衝動行事只會讓情況更糟。在醫院發脾氣，會被貼上「奧客」的標籤；身體本來就不舒服，生氣會讓症狀變得更嚴重；事後若回想起自己的所作所為，可能再也不敢踏進這家醫院。此外，護理師會因我的咆哮而備感壓力，其他病人也會因混亂的秩序而陷入焦躁。

與其追究責任，不如先探討解決方案

其實，我並沒有生氣，連假期間還有醫院看診，已經讓我感激不已，也預料到需等待一段時間。不過，我覺得有必要提醒一下護理師，我的看診順序似乎被跳過了。假如我質問對方：「為什麼還沒輪到我？」那麼責任就會落在護理師身上，因此，我試著用疑惑的語氣問：

「為什麼一直沒叫到我的名字呢？」

護理師反問：「請問您的大名是？哎呀，好像不小心漏掉了，真的很抱歉！下一位就換您。」我向對方表示感謝。「為什麼一直沒叫到我的名字呢？」這句話，意思是我們一起解決目前叫號不順暢的情況，就像在處理第三者的問題一般。

於是，護理師慌張地向我道歉，而我則帶著病懨懨的微笑，告訴他別放在心上。雖然院內已有公告寫明「本院不提供停車」，但在看診結束後，護理師還是遞給我一張兩小時的免費停車券。那天，我選擇不發脾氣，而回到我身上的，是善意與親切的對待。

與其追究對方的責任，不如專注於尋找解決方案。在公司裡，經常會遇到需要釐清責任的情況。系統故障、物品遺失、延遲等問題發生時，確定原因並加以改進是必要的過程。但是，與其將重心放在追究責任上，不如著眼於未來，訂立良好的策略以避免重蹈覆轍。問題的原因，通常無法歸咎於某一人，而是連鎖效應所導致。因此，我們的目標應該是解決問題，而不是單純地究責。

不是缺乏變通，而是善盡職責

我曾在夏威夷住過公寓式酒店，一樓的大門需要感應磁扣才能進出。某天，我把磁扣忘在房間裡，只能等其他人進出時再跟著進去。這時，恰巧有一位郵差正在裡面投遞信件，我敲了敲門，請他幫我打開大門。沒想到，他用懷疑的眼神拒絕了我，語氣冷酷地要我直接聯絡管理室。我不知道管理室的聯絡方法，只好繼續在外面徘徊，等郵差出來時順勢溜進去。但是，郵差馬上把我攔下來，開始一連串的質問：

「我不知道你是誰，怎麼能幫你開門？你為什麼沒有鑰匙？你叫什麼名字？住幾棟幾號？確定嗎？有什麼方法證明？」

當時的我，覺得郵差非常帥氣。他不是公寓的管理員，卻為了守護居民的安全，極力阻止陌生人隨意入內，這種態度讓我十分感動。我笑著對他說：「謝謝您，您真是一位盡責的人！」郵差露出無奈的表情，一直盯著我，確認我真的搭上電梯。

面對這種情況，有些人可能會發脾氣，畢竟在我支付住宿費的期間，公寓就屬於我的地盤，郵差才是外來的人。可是，他不僅用異樣的眼光看我，還質問我住在幾棟幾號，這樣的舉動難免令人不悅。然而，在這種情況下，不管是生氣或解釋，都不會有什麼好處。我能夠理解郵差的立場，所以微笑著向他道謝。或許，當時他還一直等到看見電梯停在幾樓，才放心地離開。

面對無謂的紛爭，不妨一笑置之

隨著擁有汽車的人愈來愈多，停車位的競爭也愈來愈激烈。在公共停車場，經常可以看到占位引發的爭執。有些人習慣跑去站在停車格上，表示「這個車位我女兒要停」，或是「我的朋友要停這邊」，提前占住車位。在相關的電視節目上，甚至還討論過究竟是車子優先，還是人占車位優先。不過，就我來看，這種爭論根本沒有意義。停車是人生中需要煩惱的大事嗎？如果停不到那個車位，雙方會有什麼損失嗎？

卡內基曾說過：「贏得爭論的唯一方法，就是避免爭論。」爭來爭去，時間只會愈拖愈長，但我們前往該處其實另有目的。可能是與家人久違地聚在一起，打算享受一頓美食；可能是趁週末的好天氣出遊；也可能是和三五好友相聚，準備聊天聊個痛快。為什麼要因停車問題，和陌生人爭得面紅耳赤呢？節省自己的精力，專注於真正的目的吧。

那些強調「這個車位我女兒要停」的人，之所以看起來惹人厭，是因為他們太過厚臉皮，明明就不是指定車位，還一副理直氣壯的模樣，自然會引起反感。不過，若退一步看待事情，或許就能有不同的感受，就像我回應郵差的角度一樣。也許，就可以笑著向對方說：「看來你和女兒很久沒見了呢」、「特地出來幫忙占位，真是辛苦了，注意來車喔」。你可能會問：為什麼我要單方面忍讓？要忍到什麼時候？其實，只要你願意釋出善意，善意就會以其他各種方式，再次回報到你身上。

美國有一種文化叫「Pay it forward」，中文譯為「讓愛傳出去」，意思是將自己受過的幫助，繼續傳遞給其他人。這種精神，就是讓矽谷成為IT聖地的一項基礎，也是支撐矽谷的重要原動力。蘋果創辦人賈伯斯曾言：「當我有求於人時，從來沒遇過有人不願意幫助我。許多人沒有類似的經驗，是因為他們從未開口求助。」

賈伯斯青少年時，曾打電話向世界頂尖的電腦公司惠普（HP）的創辦人威廉．惠利特（Bill Hewlett）求助：

「我想製作一個頻率計數器，不知道您有沒有多的零件可以給我？」

惠利特不僅送零件給年幼的賈伯斯，還提供他實習的機會，讓他在那年夏天可以進入惠普短暫工作。賈伯斯回憶起那段時光，甚至認為那是他人生中最美好的時刻。後來，臉書創辦人馬克．祖克柏在創業初期面臨困境時，賈伯斯也毫不吝嗇地提供許多建議；當賈伯斯去世時，祖克柏更在社群媒體上表示：「史蒂夫．賈伯斯，謝謝你成為我的導師和朋友。」同樣地，祖克柏也積極參加為新創團隊舉辦的活動，分享自己成功與失敗的案例，以此來幫助更多的人。

今天，想感受什麼樣的情緒？

在日常生活中因瑣事而憤怒時，該怎麼做才能靈活地應對呢？如同前文所言，我曾經是個非常容易動怒的人，不會對任何不公不義的事睜一隻眼、閉一隻眼。然而，後來我發現自己的行為，只是在白費力氣。

我的所作所為，換到的是「脾氣很差」的標籤。憤怒時，我會變成一頭兇猛的野獸，對挑釁我的人發出怒吼，因為太討厭這種發脾氣的過程，所以我無法原諒那些激怒我的人。但追根究柢，對一些微不足道的事動怒，其實是因為我被自己的情緒主宰。

我有能力選擇自己的情緒。假如我希望今天充滿愉悅，那麼只要做一些讓自己開心的事即可。例如想到要去山上散步，從床上醒來的那一刻，內心就會無比興奮。假如我希望今天幸福洋溢，那麼只要打開窗看看天空，聆聽鳥兒清脆的鳴叫，快樂就會縈繞心頭。幸福或快樂不能只靠等待，因為情緒是由我們自己所創造。

憤怒的情緒也一樣。即使我被激怒，也可以選擇不發脾氣，不露出厭煩的神色。過去的我，是因為自己想生氣才生氣，但我卻將責任推給他人，認定是他們做出惡劣的行為，才會激怒原本平靜的我。如今，我不想再把時間和情感，浪費在這些無謂的事情上。我希望自己笑口常開，感受到更多歡樂，爽朗地享受餘生。

當我選擇自己想要感受的情緒，日常也開始充滿愉悅和幸福。**生活並沒有改變，改變的是我看待事情的角度；當我改換視角，就彷彿進入了另一個世界**。最近，經常聽到他人說我變得溫和許多，我更常露出笑容，也感受到更多美好。不發脾氣後，生活中自然沒有爭吵，我不是單方面忍讓，只是選擇不生氣而已。感到憤怒時，過去的我會直接爆發，但現在我學會反問自己：「是不是有什麼需求未被滿足？」假如你問我，現在和過去的生活哪一種更好，我可以很肯定地回答你：我滿意現在的生活，而且勝過以前千百倍。

Key Point

日常生活中調解情緒的方法

❶ 情感：選擇今天想要感受什麼樣的情緒。

❷ 解決：比起追究責任，更專注於尋找解決方案。

❸ 視角：隨著視角不同，對情況的解釋也會不一樣。

❹ 距離：退一步看，會發現事情其實沒那麼嚴重。

Action

思考自己想感受何種情緒

❶ 情感：我人生中最重要的情感是什麼？

❷ 頻率：希望自己經常感受到何種情緒？

❸ 方法：該怎麼做才能經常感受到那樣的情緒？

❹ 實踐：付諸行動，讓今天的自己感受到期待的情緒。

40 在家中不該使用的措辭

激烈憤怒下的爭吵，會留下終生難忘的傷痛。

丈夫：呀！妳就是這樣才會出問題，懂了嗎？
妻子：你說什麼？我不是說過不要用「呀」稱呼我嗎？你算什麼東西，居然敢這樣叫我！
丈夫：我算什麼東西？妳講話給我注意一點！
妻子：你先管好自己吧！XXXX，什麼人養什麼狗！
丈夫：呀！XXXX，妳罵完了嗎？

相愛的人之間如果不斷撂狠話，爭吵就會逐漸失控，最後只剩下憎惡與輕蔑，彼此互相撕咬。

別刻意用「半語」❶ 貶低對方

別對自己心愛的人使用「呀」、「喂」、「你」之類的半語（韓語用法），這種語氣帶有輕蔑的意味。平時親暱地稱呼對方的綽號或名字，吵架時卻突然改用輕視的語氣，這種行為無異於火上澆油，只會讓爭吵加劇。在街上與陌生人發生衝突，導火線往往也是詞彙的使用。

「你算什麼東西，憑什麼管我！」

「竟敢對我使用半語！」

順帶一提，在韓語中的「你」這個詞，在某些場合雖然可以用來尊稱對方，但在吵架時，卻會變成輕蔑的用語。

夫妻之間說出傷人的話，並非因為他們厭惡對方，也不是為了吵架而吵架。夫妻倆可能只是在討論孩子的教育問題、商量家務分工，或者一起規劃某件事，但隨著意見分歧，詞彙和語氣變得愈來愈有攻擊性，最後演變成激烈的爭吵。

吵架時，務必保持理智，慎選詞彙。如果因為不想認輸，就大吼大叫地堅持自己的觀點正確、對方的想法錯誤，那麼最後很容易喪失理智，胡亂選擇攻擊性用語。試著把「呀！你就是這樣才會出問題，懂了嗎？」，轉換成「我會更謹慎地思考看看」——努力抓住自己的理智線，是在相愛的關係裡必須學會的課題。

共同抵禦外敵的心態

有人說，和相愛之人「把架吵好」很重要，而我的解釋是：達成吵架的目的，才算是真正的「把架吵好」。假如對方因誤解而產生不滿，那麼應該消滅的敵人，是讓彼此日漸疏遠的「誤會」。換言之，我們永遠站在同一陣線，應該攜手消除誤解，撫平對方受傷的心，讓關係變得緊密。對方之所以吐露不滿，也是為了讓生活過得更融洽。

然而，如果無法分辨爭吵的對象和目的，這場衝突，就會變成兩個人的對立。當一方表達不滿，另一方便覺得自己遭受攻擊，於是，抵禦的對象變成「另一半」，而目的則是「我要贏過你」。「我什麼時候做過那種事？」、「才不是，你先聽我解釋」，當事人會不斷辯解，強調自身的清白；或者用「為什麼你總是誤會我」，來回應對方的攻擊。**別忘了，相愛的人應站在同一陣線，切勿為了自我防禦而去攻擊對方，最後落得兩敗俱傷的局面**。

若能忠於爭吵的目的，就能發現對方是在誤解中受到委屈和創傷，然後一起找到消滅「敵人」的方式。因此，不妨換個說法吧，例如：

「你為什麼會那樣認為呢？在什麼情況下，讓你產生那樣的感受？」

而聽到這樣的話，也別急著責怪對方：「難道要我從頭到尾解釋一遍，你才會懂嗎？」切記，彼此的語言很可能存有差異。此外，也不要反覆強調：「我沒有那樣的意思，是你誤解我的話了！」這種說法，只會再次引爆爭執。不妨將主語從「你」換成「我」，試著這樣表達：

「啊，我想表達的意思是～下次我會講清楚，避免產生誤會。」

理解對方的感受，並努力維持良好的關係，這才是真正的「把架吵好」。

對子女也要保持尊重

和孩子對話時，也別使用「呀」、「喂」、「你」之類的半語語氣。當父母斥責道：「喂！你就不能認真一點嗎？」時，孩子會有什麼感受呢？他們很可能陷入恐懼，甚至覺得爸媽很可怕。平時總是和藹可親的父母，語氣突然變得嚴厲，表情也顯得冷酷，孩子會因讀不懂父母的情緒而感到害怕，然後開始小心翼翼地察言觀色。身為家長，真的希望自己的孩子變成這樣嗎？

此外，惡狠狠地對待一個比自己年幼且弱小的孩子，其實是一種卑劣的行為。孩子很容易留下創傷，所以我們在言語上更要謹慎。父母訓斥子女時，內心可能會這麼想：

「你就應該照我的話做，怎麼敢不聽我的話呢？」

這種情況，代表父母並未尊重孩子的獨立人格，而且認為他們必須無條件服從自己，所以才會感到憤怒。試著回想幼年時的情景吧，受父母責罵或要脅時，你會覺得開心嗎？被充滿笑容的父母擁抱，是不是比較幸福呢？

有些人主張，身為家長，在管教孩子時就必須嚴厲。然而，如果將「管教」誤解為發脾氣、責罵或體罰，那就大錯特錯。「管教」的本意，是引導孩子培養良善的品格與道德，絕不是對孩子大聲地吼叫或威脅。如果你只是因為孩子不聽話而心情不好，或者認為孩子沒有按照你的想法行事，對此感到不滿和生氣，那麼就是你不懂得管控自己的情緒。

在《吳恩瑛的和解》一書中，有一篇文章的標題是「管教有其必要，但別讓孩子感到恐懼」。在這篇文章裡，為易怒的父母們提供許多建議，值得我們參考和學習。

「經常對孩子大小聲的父母，其實也知道自己的做法不對。因此，他們往往會在發完脾氣後陷入自責。這時，應儘快告訴孩子自己非常後悔，並且在心情平復後，主動向孩子道歉。（中略）父母應該坦白地告訴孩子，在某些情況下，自己也會因情緒管理不當而顯得不成熟，甚至出現幼稚的行為。」

為人父母者，應溫柔地對待孩子，努力展開正向溝通，別讓孩子因害怕而與父母產生距離感。

別在孩子面前吵架

父母若在孩子面前爭吵，幼兒也會切身感受到緊張的氛圍，甚至嚇得嚎啕大哭。等孩子長大一些後，為了維護家庭的和平，也會試圖調節大人之間的紛爭。當父母的對話開始變得冷淡或尖銳時，孩子可能會故意插話，刻意撒嬌裝可愛，努力化解眼前的僵局。只要察覺父母即將爆發爭執，他們就會竭盡所能地想勸阻，這種模樣著實令人心疼。

家應該是這世上最安全的堡壘，但有些父母在孩子面前，會無法控制自己的情緒。因憤怒而大聲咆哮、哭泣、辱罵，甚至把手邊的東西砸碎等，這些行為，都會讓孩子在恐懼中瑟瑟發抖，認為世界是個充滿不安的危險之地。

有些父母在爭吵過後，會向孩子訴苦：「沒有你，我就活不下去了！」這句話，等於是將自己的脆弱、無助與不成熟，全部轉嫁給孩子。而年幼的孩子聽到這些話，會想著要捍衛並守護自己親愛的父母。就邏輯上來說，應該是父母保護孩子才對，怎麼會是孩子反過來保護父母呢？子女的年紀永遠比父母輕，即便已經長大成人，父母也依舊是父母。在雙親爭吵中成長的孩子，未來會擁有怎樣的自我認同與自我意象[2]呢？

千萬別在孩子的面前吵架，若實在忍不住，請走到外面去談，因為孩子在房間裡都能聽得一清二楚。試想一下，孩子孤零零地待在房裡，一邊哭、一邊祈禱，這樣的畫面多讓人心酸。父母是孩子的全部，當兩人爆發爭執時，孩子的世界當然會崩毀。此外，切勿在家裡大聲爭論，然後要求孩子選邊站：「是爸爸說得對，還是媽媽說得有理？」這對孩子而言，無疑是沉重的負擔。讓自己表現得像個成熟的大人，積極履行父母的職責吧。

[1] 韓國是個重視輩分的國家，在說話時有所謂的「敬語」、「半語」之分。凡是比自己年紀大的對象都必須使用敬語，意即下對上的關係，如父母、兄姊、上司、前輩等；而半語則是用於比自己年紀小的對象，意即上對下的關係，如孩子、弟妹、平輩或親密的朋友等。

[2] 自我意象（self-image）又稱自我形象，意指「自己如何看待自己」。

Key Point

在家中發生爭執時的注意事項

❶ 夥伴：相信自己與對方站在同一陣線，應攜手抵禦外敵。

❷ 語氣：不使用貶低對方的語氣。

❸ 禁止：不使用髒話、暴力、侮辱性的言語或行為。

❹ 決心：不在子女面前吵架。

Action

避免矛盾繼續深化

❶ 夥伴：確認目的與對象後，再與對方展開對話。

❷ 節制：在怒氣湧升的瞬間，嘗試調節自己的情緒。

❸ 尊重：平時養成習慣，不要用「呀」、「喂」、「你」等半語語氣或髒話。

❹ 父母：若不小心在孩子面前吵架，請真心地給予安撫和道歉。

41 介入兩人之間調解衝突時

一對穿著華麗花襯衫的六十多歲夫婦，我稱讚他們的衣服很合適，女士害羞地開口說道：

女士：是嗎？我問老公這件好不好看，他都不回答我。有些人的老公會給建議，像是穿這件吧、那件比較合適，或是看起來很漂亮等。妳覺得呢？

我：兩位平常是怎麼對話的呢？

女士：我問他「這件如何？」，他就會說「都差不多」。這到底什麼意思？

如果是你，會怎麼回答呢？我回應說「應該是都很漂亮的意思」，對方馬上笑著反問「是嗎？」，表情變得無比開朗。

我接著分析：「如果覺得不好看，應該會直接點破吧？不然兩個人一起出門，該有多尷尬啊！既然什麼都沒說，只表示『差不多』，那應該是因為都很美、都很合適，所以才會這樣形容。每個人的表達方式不一樣嘛！」

站在一旁的丈夫，聽了之後露出一抹微笑，於是我立刻又補充道：「看吧，我說的沒錯，所以他笑了，而且沒有否認。」女士聽完後滿心歡喜，我們一起開懷大笑。

提出明智的建議，讓雙方保持融洽

我並不是刻意要哄這位女士開心。外出時，我的父親有時也會對母親發牢騷，抱怨她總是把好看的衣服收在衣櫃裡，只穿鬆垮變形的舊衣。但是，準備前往較正式的場合時，母親還是會聽從父親的建議，換上正式端莊的服飾，然後詢問：「這樣穿合適嗎？」若衣物上沾有污漬，他們也會互相提醒，建議對方換一件。此外，他們基本上不干涉彼此的穿著。

有時一些無心的發言，很可能引起激烈的爭吵。假如有人回答那位女士：「是不是因為穿什麼都不好看，所以建議妳隨便穿就好？」這種說法，會讓女士有種被羞辱的感覺，也許發話者只是開玩笑，但對方很可能因此怨恨與她共度半輩子的丈夫。就像這樣，周圍的人若說錯話，很容易引發誤會，使氣氛瞬間變僵。雖然每個人解讀事情的角度不同，但我們沒必要成為爭吵的導火線。

有時候，身邊的人會請你代為評判夫妻或情侶之間的矛盾。他們會說自己也不知道該怎麼做，請你聽完情況後，幫忙給個意見。這時，請務必提出讓雙方得以變得更融洽的建議。雖然當事人看起來輕描淡寫，笑著說出自己的煩惱，但往往是在內心糾結許久，最後才以不經意的方式問出口。因此，請盡量站在雙方的立場，謹慎思考後再回答。真相只有當事人最清楚，很多時候我們都只能依靠推測，如果不想挑撥雙方的關係，就沒必要刻意往壞的方向提。

另外，我還想多補充一點。性格木訥的人啊，請勇於表達自己的想法吧！覺得漂亮就說漂亮，認為可愛就說可愛，別等事後才後悔自己沒說出口。而提問的一方，也別拐彎抹角地問：「我這樣可以嗎？」，應該直接說：「我很漂亮吧？」你問得曖昧不清，對方也會答得模糊不明。別學習對方的木訥，應該朝積極改變的方向前進。

假如對方羞於開口，可以試著改換其他方式，例如「若覺得我好看，就點點頭吧」。當對方點頭時，就是你想聽到的答案，心情自然也會變好。表達，其實也需要練習。

別試圖成為裁判

在旅行中、聚會裡，或鄰里、家人之間發生爭執時，總會有人站出來當和事佬，充當裁判的角色。「這是你的錯，不該說這樣的話，趕快道歉吧。你也接受道歉，別再生氣了，原諒對方吧。」然而，判定誰對誰錯，並要求彼此和好，並不算是真正的調解。判斷錯誤的輕重程度，引導雙方進行和解，也不能稱之為調解。這種方式，不過是為了平息眼前的紛爭，暫時性的勸架而已。被壓下來的問題，總有一天會再次爆發。

當內心有未被滿足的需求時，情緒就會以憤怒的方式顯現。優秀的調解者，應該幫助他人釋放內心壓抑的需求，而不是單純地指責誰對誰錯。與其判斷「那句話太過分了，是你的錯」，不如詢問對方：「真正想表達的是什麼呢？你的心裡應該藏著很多話想說，告訴我吧，我願意聽。」回想看看，你是否也曾有過委屈的時刻呢？此時，若有人主動靠近你、真心聽你抒發，並表現出理解與共鳴，憤怒的情緒自然會逐漸平息。

若直接對著情緒激動之人指責錯誤，只會讓他更加憤怒；露出異樣的眼光或嫌棄的態度，也會讓對方的負面情緒徹底爆發。**憤怒通常有其原因，但真正讓人失控的，是沒有人理解自己，以至於陷入憤恨與絕望**。碰到這樣的人，如果勸他「別生氣」，只是因為不想看到衝突場面，所以用敷衍的態度帶過而已，和批評對方「吵死了」沒兩樣。試著去覺察憤怒之人藏在心底的悲傷與痛苦吧，這麼做，才是真正的「調解」。

用平靜的語調傾聽緣由

讓自己保持冷靜的態度，公平地傾聽雙方的說法。假如在聽其中一方陳述時，另一方突然打斷，強調「他說的不是事實」，可以舉起手掌示意，並以溫暖的口吻勸說：「讓我們先聽他講完好嗎？」別用嚴厲的語氣訓斥：「你先聽完！等等才輪到你講，知道了嗎？」在日常生活裡，經常可以看到調解紛爭的人，最後卻戴著判官的烏紗帽子，導致人們習慣性地自我防衛。

身為調解者，應積極地示意自己不是站在裁判的立場，可以用溫暖的眼神看著雙方，然後用沉穩、冷靜的語調引導對話。如果大聲地吆喝制止：「好了，拜託你們別再吵了！」反而會讓情況變得更嚴峻。因此，請盡量保持平和的語氣，告訴雙方：

「我們坐下來，好好聊一聊吧！」

若對方情緒激動，傾聽時可以握住他的手、輕拍他的肩膀，持續給予安慰，讓對方知道你會耐心聽他說完。

擅長調解的人並不多見，我自己也沒遇過。反之，有很多人喜歡充當裁判、強行勸架、捲入紛爭或者偏袒某一方，導致爭吵變得愈來愈嚴重。因此，當調解者用具同理心的方式介入時，當事人可能會感到尷尬、不安或警戒，因為這種方式對他們來說非常陌生。

作為調解者，我們應該加倍努力，真誠地予以傾聽。尤其為人父母者，若碰到子女之間發生爭執，千萬別偏袒某一方，否則另一方會覺得自己被孤立，從此心生怨懟。與其當裁判劃分是非，不如站在調解者的角度，對孩子的心情給予充分的共鳴與理解。

調解者可以提出聰明的解方

當有人真正給予共鳴和傾聽，我們才會敞開心扉，如實說出自己的需求。有一次，父母因為「衣服太多」而發生爭執，互相要求對方丟掉一些不穿的衣物。為了幫這場爭吵畫下句點，我分別詢問父母真正的需求，而他們的目的，都只是希望拿取衣物時能更加方便。於是，我提議先把所有的衣物整理出來，再將兩人的存放空間分開：母親的衣服放在主臥室的衣櫃，父親的衣服則放在書房裡的衣櫃。這樣的安排雙方都很滿意，再也沒有因為衣櫃的問題吵架。

透過調解找到矛盾的根源，便能有效解決問題。在這次的爭吵當中，爸爸認為「媽媽什麼都捨不得丟，家裡沒空間了」；媽媽則主張「爸爸愛打扮，衣服實在太多，而且又不懂得整理」。一般人大多認為摩擦是源於性格差異，但很多衝突其實是因為環境因素所造成。在擁有專屬的衣櫃後，父母就像孩子一樣，開心地表示：「早該這麼做了！」就像這樣，調解者能發現當事人未注意到的癥結，以聰明的變通來解決爭端。

錯誤的行為絕對不被允許

如果孩子之間打架，或者年長孩子欺負年幼者，父母不能只說：「又在吵了，你們兩個給我分開！」、「這次又因為什麼吵架？說來聽聽！」而是要堅決地強調：「暴力是絕對不容許的行為！」大人經常會對孩子的暴力行為掉以輕心，認為他們個頭還小，不會打出什麼問題。但是，孩子被孩子打，就和成年人被成年人打一樣，都會感受到疼痛。此外，孩子對身體構造缺乏理解，在隨意攻擊的情況下，很可能導致受傷，有時遠比想像中的更具危險性。

在《吳恩瑛的和解》一書中，曾提到類似的概念：

「父母應明確地教導孩子是非對錯，不對的事情就是不對。錯就是錯，黑的不會變成白的。無論年長或年幼，對弱小的人施以暴力，就絕對不能姑息。在這種情況下，需要的不是調解，而是確切地指出對錯。假如對方持續使用暴力，應該將受害者與施暴者分開，提供適當的保護。若家人出現暴力傾向，千萬別視而不見，務必仔細觀察、做好心理準備，然後採取相應的措施，例如尋求精神科專家協助，接受長期的諮詢或藥物治療等。碰到難以承擔的情況，就要向外部尋求支援，這才是真正為家人著想的行為。」

Key Point

調解紛爭的技巧

❶ 解析：提出適當的建議，讓雙方得以保持融洽。

❷ 審判：不去評價誰對誰錯。

❸ 公平：公平地傾聽雙方的緣由。

❹ 果斷：錯誤的行為絕對不被允許。

Action

在家中擔任調解的角色

❶ 我們：切記我們都站在同一陣線，認真給予傾聽吧。

❷ 需求：覺察對方心中未被滿足的需求。

❸ 解決：找到家人不時爆發爭吵的原因，然後加以解決。

❹ 果斷：看見錯誤的行為，一定要明確地指出來。

第7章

對話的力量，源於對自我的理解

在與人交談的過程中，有時會感到詞窮，或者無法深度討論某項主題。例如「為什麼喜歡浪漫喜劇？」我可能只回答得出「因為有趣」。用簡短的話作答，或是無法說出具體的理由，其實都是因為對自己缺乏認識。

42 寫日記，是和自己對話的時間

日記本是我的寶物。從七、八歲時開始寫日記後，三十一年來我一直保持著習慣。每年我都會寫滿一本日記，累積下來已超過三十本，在我擁有的各種事物中，最珍貴的就是這些日記。它們是我喘息的空間，也是我的歷史紀錄，我透過日記裡的一字一句和自己相遇。我相信，正是因為有這些紀錄，我才能成長為今日的我。只要我還活著，就會繼續地寫下去，看著日記隨著生命而延續，是件多麼浪漫且美好的事。

據說人每天有固定要使用的詞彙量，而我似乎把想說的話都寫進了日記。日記本就像我的避風港，不管我說什麼，都會無條件地給予包容。或許正因如此，幼時的我只要一翻開日記本，就會感到安心與放鬆，擁有一種「暢所欲言」的寬慰。假如沒有這些日記，我會成為什麼樣的人呢？

簡答的理由，是因為不了解自己

《若能聽到別人說我口才好，此生別無所求》，如同書名所示，內文收錄了許多提升口語表達能力的方法。在出版訪談中，有人問我：「您認為『口才好』意味著什麼？」

「我發現，『口才好』其實就是一種自我了解。」我如此回答。

唯有真正了解自己，才能正確表達想法，而寫日記，正好有助於剖析自我。因為邏輯與信念並非從外部找尋，而是要在心中組建。與其過著他人認為正確的生活，不如按照自己堅信的價值觀，過上屬於自己的人生。有一個明確的目標，才能繼續往前走。當我們清楚自己為什麼做出某種選擇、為什麼要做那件事、為什麼渴望某件東西，以及那些事物為什麼重要時，才能分辨自己該走向何處，並說明自己是個什麼樣的人。反之，如果不了解自己，很容易就會被世俗的聲音淹沒；不是傾聽內在的聲音，而是隨著外在的指令行動。若外在的世界改變，自己也會隨波逐流，跟著受到影響。換言之，如果目光的焦點總是向外，自身的色彩就會逐漸褪去。

寫日記的時間，就是自我探索的旅程。能夠抓住腦海中的雜念，深入地觀察和思考。

「興茱啊，妳想要什麼呢？現在感覺如何？妳是在哪些時刻，感受到這種情緒的呢？腦海中反覆想著同一件事，是因為喜歡它嗎？妳想知道些什麼？為什麼感到好奇呢？妳希望怎麼做？」

與自己對話、對自己感到好奇的時刻，正是理解認識並看顧自我的機會。當我開始對自己萌生好奇，自然就會對他人產生興趣，因為透過對話，有助於更深入地自我分析。

在與人交談的過程中，有時會感到詞窮，或者無法深度討論某項主題。例如「妳的興趣是什麼？」，我回答「看電影」；接著再問「妳喜歡看什麼樣的電影？」，我回答「浪漫喜劇」。但是，如果更進一步問：「為什麼喜歡浪漫喜劇？」我可能只回答得出「因為有趣」。就像這樣，用簡短的話作答，或是無法說出具體的理由，其實都是因為對自己缺乏認識。

若試著以「我為什麼喜歡浪漫喜劇」為題寫一篇日記，很快就能找到答案。因此，從今天起，不妨挑選自己喜歡或討厭的事物來寫日記。下筆的過程，會讓你對自己的理解逐漸加深，不僅可聊的話題會愈來愈多，還能針對某一項主題，與他人展開深度的交流。

專注於今日的感受

撰寫日記，就是專注於當天所感受到的情緒。換句話說，就是把當下的感受、情緒產生的原因、對該情緒的看法、感受到情緒時的心理狀態，以及是否希望再次經歷相同的情緒等記錄下來。關注情緒，可以擴充自我形容的語彙，並且進一步認識自己。

在撰寫情緒日記時，應把焦點放在行為與隨之而來的情緒上，建議把發生的事實與自身的感受分開記錄。例如：

「週一早上六點三十分開始跑步，沿著漢江慢跑了四十分鐘（行為／事實），感覺很舒爽（情緒）。週末窩在家看電視劇、睡午覺，活動量明顯變少（行為／事實）。但是，在慢跑完後，沉悶的感覺瞬間消散，身體也似乎變得更加輕盈（情緒）。」

如果不擅長表達情緒，可以試著套用下列句型：「產生……的心情」、「擁有……的感受」、「體會到……的情緒」。

建議平時多蒐集一些描述情緒的詞彙，傳達心情或感受的詞語愈豐富，愈有助於表達自我。例如「心情好」可以更精確地寫成「愉快」、「興奮」、「開心」、「感激」、「舒爽」、「激動」、「痛快」、「驕傲」、「滿足」、「充實」、「幸福」、「悸動」、「期待」、「滿意」、「快樂」、「欣慰」、「愉悅」等。

舉例來說，「哭泣」屬於事實，還要進一步形容隨之而來的感受：是悲傷、暢快、輕鬆，還是療癒？或者和旁邊的人一起哭，因此產生了親密感？亦或是解開心結後，內心如釋重負？試著輪流用行為和情緒來撰寫日記。

選擇用語時，應避免使用「好像」之類的語法。例如「心情好像很好」、「好像滿喜歡的」，這類的句子看起來很彆扭。「好像」這個詞，通常用於推測或不確定的情境，例如「看這天氣，好像要下雨了」、「這個時候，他好像該回家了」。但是，我的情緒就屬我自己最清楚，所以在寫日記時，應避免模糊式的表達，要用更精確的詞彙來描繪內心的感受。

看待情緒的態度

如果像對竹林訴苦一樣，在日記裡寫下對討厭之人的謾罵和怨懟，日後回顧時，只會讓自己感到不自在。我有過類似的經驗，所以從某天開始，就決定只在日記裡留下幸福的回憶，讓未來的自己在閱讀時能莞爾一笑。日記是非公開的文字，單純為了自己而撰寫。換句話說，其實就是寫給未來的自己看。

憂鬱和悲傷並不是壞事，情緒本身沒有好壞之分，只有情緒引發的行為才有善惡之別。如果平時經常感到憂鬱和悲傷，或者每次陷入這種情緒時，就會因自責而感到難受的話，從現在起，不妨試著探詢心底的聲音，思考自己真正想要的是什麼，甚至偶爾也可以享受一下這種情緒。孤獨和寂寞，有時反而能讓人靜下來、展開深度的思考——我也很喜歡沉浸在類似的氛圍裡。

臉上時常掛著笑容的人，同樣經歷過悲傷、痛苦、憂鬱、創傷、煩惱和挫折，然而，正因他們深刻理解過這些情感，才能在幸福降臨時，綻放出最璀璨的笑容。人生原是幸與不幸的交替，就算捶胸頓足或怨天尤人，世界也不會改變轉動的方向。既然如此，為什麼不放下焦慮、停止埋怨，在幸福來臨的時刻，全心全意地享受呢？我也是在想通了之後，才得以嘗到幸福與滿足的滋味。

試著去擁抱自己的每一種情緒吧！「別憂鬱」、「別難過」、「別感到孤單」……這些話的立基點，都是把悲傷和憂鬱視為負面情緒，但我不贊同這樣的看法。如果認為某些情緒是負面的，就很可能忽視情緒的起因，甚至覺得自己是個奇怪的人。我們應該呵護內心的每一種情緒：有些情感令人熟悉、有些情感令人渴望，而我們可以自己決定要如何與這些情緒相處。

累積多天再寫也無妨

日記是「一天的紀錄」，不是每天非寫不可的作業，累積一段時間再寫也無妨。我並非每天都寫日記，通常會在週日寫完一週的份量；若執行上有困難，有時我也會一次寫完十天的日記，甚至累積更長的時間。

因此，我經常用手機留下紀錄，我會把行程寫在月曆上，然後用記帳的應用程式寫下收支明細。這些紀錄，能夠幫助我在寫日記時，順利回想起當天的活動軌跡。當情緒產生變化的瞬間，我會用相機拍下當時所在的場景;若心情特別雀躍,還會錄下影像和聲音,或者用語音記錄下來。此外,我幾乎每天都會在備忘錄中,寫下自己當日的感受和想法。

即便如此,偶爾還是有想不起來的時候,例如忙到根本沒時間用手機,或者累得倒頭就睡的日子。若實在難以回想,我會直接跳過那一天,改成隨興抒發心情,不強迫自己一定要寫些什麼。因此,我的日記本裡沒有空白頁,這就是支撐我繼續寫下去的動力——因為每一頁都被填滿,未來也不希望留白。

附帶一提,我偏好書籍尺寸的厚日記本,因為頁數夠多,一本就可以使用一整年。試著在日記本裡,記錄一年裡發生的重要事件吧,也可以自由發揮,書寫任何想記下來的東西。我通常會把字寫得很小,才能把所有內容都塞進去。我使用的日記本,每個月有一個跨頁的月計畫表,後面則是用來寫一週日記的空白頁,一頁大概可以寫三~四天的內容。換句話說,每天的日記約占四分之一頁,這樣的份量剛剛好。有些日記本每天要寫一整頁或半頁,份量太多的話,很容易成為負擔。此外,如果累積好幾天沒寫,在補空白頁時也會非常吃力,說不定還會直接放棄寫日記的習慣。

不過,若日記的份量太少,也無法提升表達能力。那些經過深思熟慮後所寫下的文字,是十分珍貴的紀錄,而最理想的日記本,就是要有足夠的空間可以記載這些重要內容。寫日記時,盡量不要讓內頁留有空白,如此一來,年末時看到自己寫得密密麻麻的日記本,將會有滿滿的成就感。

Key Point

為自己而寫的日記

❶ 情感：專注於今日感受到的其中一種情緒。

❷ 調整：日記累積多天再一起寫也無妨。

❸ 記錄：隨時在手機上做紀錄，以便補寫日記時能想起自己的活動軌跡。

❹ 表達：寫下自己喜歡或討厭的事物，藉此進一步剖析自我。

Action

馬上動手寫日記

❶ 購買：購買日記本。

❷ 推薦：尺寸和厚度建議與書本類似。

❸ 適當：一頁大概寫三～四天的內容。

❹ 攜帶：每天都把日記本帶在身上吧。

43 我的年度十大新聞選列

新年到來時，你會有什麼樣的心情呢？是感嘆自己又長了一歲，還是像平常一樣，平靜地等待新的一年到來？你會期待自己回頭實踐那些不斷推遲的計畫嗎？還是帶著重新開始的心情，充實地度過年初的每一天呢？

每年固定實施的「年度十大新聞」

只要一想到新年，我就會非常興奮，內心充滿期待，因為我有一項持續了十四年的新年活動——那就是選出「鄭興茱的年度十大新聞」。這個「年度十大新聞」，是回顧過去一年中我所經歷的重大事件，然後從中挑選出印象最深刻、最感動的十件事。

我第一次注意到「年度十大新聞」，是在二〇〇九年的時候。那年十二月，我正準備參加新進主播的最終面試。在之前的面試裡，曾出現一道令我手足無措提問：

「今天媒體報導了哪些新聞？可以舉出三個例子嗎？」

偏偏那天我沒有看新聞，緊張得直冒冷汗。就在這時，我想起自己曾在電梯裡看到新聞跑馬燈：當天午後的降雨特報、國會議員法案推動進度，以及本週即將上映的電影資訊。雖然在面試上順利過關，但我覺得類似的問題可能會再出現，所以就認真地把時事新聞全部看過一遍。

年末將近，電視與報紙接連刊載了各大媒體所選出的年度十大新聞，如「KBS 評選二〇〇九年韓國十大新聞」、「二〇〇九年韓國十大經濟頭條」等。每家媒體的定位和視角不同，選出的新聞也略有差異，就在我讀得津津有味時，心中突然感到好奇：

「二〇〇九年，鄭興茱的年度十大新聞是什麼呢？去年我的十大頭條又是什麼？我是否有仔細回顧過自己的人生？」

熱情迎接新年的祕訣

回顧人生，是只有我才能做到的事。沒有人會把我的一年攤開並仔細地檢視，稱讚我「這件事做得很棒」，或者鼓勵我「這件事下次可以改進」。然而，無論是媒體界、電影界還是影視圈，每到年末就會舉行頒獎典禮，為今年的人氣作品或話題人物頒發獎項，表彰他們的努力。不僅是回顧和紀念過去一年的成果與業績，也為新的一年注入往前走的動力。

我受到極大的啟發，下定決心：

「我的年度十大新聞，今年最後一則肯定是『通過主播考試』。」

後來，誓言兌現了。自那天起，每年我都會選出「鄭興茱的年度十大新聞」，這是一場無條件支持自己、給予自己熱烈掌聲的儀式。簡單來說，就是一場自我慶祝的盛宴。多虧有這些專屬的年度十大新聞，我才能連續十四年都帶著滿滿的成就感，迎接新年的到來。

你的年度十大新聞是什麼？

接下來，輪到你選出自己的年度十大新聞了！請試著按照以下的方法進行，這是一個持續一年的長期計畫。

第一步，按照前面提到的日記書寫方法，從一月一日到十二月三十一日，別漏掉任何一天，把自己想記錄的內容全部寫在同一本日記裡。

第二步，每天進行總結，標示出一天的感受，以及當天做過的特別的事。我會用黑筆寫日記的正文，然後用紅筆在標題處簡短寫下當天的感想，盡量不超過十個字；針對與標題有關的行程或事件，我也會用紅筆在底下劃線。如果有特別值得紀念的事，或者開心得像要飛上天一樣，我會用粗筆把日期整個框起來，或者用紅筆畫上二～三顆星星。星星的數量，會隨著情緒的程度增減。假如每天能按時總結，年末要選出十大新聞時，就會變得輕鬆許多。當一整年都徹底地實踐，新年就會在不知不覺中到來。

第三步，決定選出十大新聞的日子。我通常會在一月的第一週執行。我的生日是一月七日，所以一般會訂在一月二日，最晚則在生日的前一天完成，過程大約需要六個小時。

第四步，選出年度十大新聞的前置作業。先列出今年度發生的重要事件，然後翻開新的日記本，把這些內容寫在日記本裡。我通常會利用日記本的最後幾頁，標題則是「〇〇〇（名字）的年度十大新聞」。接著，按照月份順序，列出去年的大事件。可以回顧舊的日記本，參考每日總結的標示，將主要事件整理出來，抄到新的日記本上。我通常一個月能挑出四~七件重要事件，一年大約有四十八~八十四件，而且這個數字每年都在增加，幾乎能填滿日記本的一整個跨頁。這個過程，讓人感到無比地充實，是與過去一年努力生活的自己相遇的歡欣時刻。享受著時光記憶，擁抱過去辛勞付出的自己，並誠心為那些值得感謝的人祈禱。切記，一定要給自己滿滿的安慰和鼓勵。

第五步，正式選定自己的年度十大新聞。從數十個主要事件中仔細挑選，用紅筆圈出最重要的十件大事。我的年度十大新聞，通常包括挑戰並達成的目標、新的嘗試、實現長久以來的夢想等。選出今年的十大新聞後，明年的新目標就會慢慢浮現，也能找到自己生活的重心。下次我們見面時，希望你能告訴我在選出年度十大新聞後產生了哪些改變，我一定會非常開心。

◆〈鄭興茱的年度十大新聞〉

提供我過往的年度十大新聞作為參考，但願你也能選出自己的十大頭條。翻看舊日記時，令我感觸良多。當時的我，特別看重什麼，懷抱著怎樣的夢想呢?那些只有我自己才知道的故事，都記在下列的十大新聞裡。

◆ 2011 年的年度十大新聞

❶辭掉自己的第一份工作
❷考進新聞傳播研究所
❸菲律賓宿霧旅行
❹第一次遭遇交通事故
❺和媽媽一起參與教會義工
❻與朋友們見面
❼轉為自由工作者
❽家人的生日宴會
❾朋友的生日與周歲宴
❿愛情與友情

◆ 2017 年的年度十大新聞

❶開始一對一健身訓練
❷參與人生學校課程
❸出演 KBS《歌唱真好》
❹取得咖啡師二級資格
❺與家人前往美國塞班島旅行

❻ 指導夢想成為主播的學生
❼ 首爾南山的雨中漫步
❽ 和朋友到日本京都旅行
❾ 和爸爸一起登上坡州的尋鶴山
❿ 光云大學演講授課

◆ 2022 年的年度十大新聞

❶ 在濟州島開始寫第一本書
❷ 出版第一本著作《若能聽到別人說我口才好，此生別無所求》
❸ 在濟州島體驗潛水
❹ 為三星電子提供演講培訓
❺ 成為 KBS 廣播的固定來賓
❻ 開始學習拳擊
❼ 簽約第二本書《創造幸福的對話力》
❽ 與「興按鈕」學員一起舉辦年末聚會
❾ 在夏威夷開始寫第二本書
❿ 捕捉 2022 年的最後一刻

Key Point

評選年度十大新聞的好處

❶ 優點：回顧過去一年的契機。

❷ 效果：帶著滿滿的成就感迎接新年。

❸ 好處：能夠發現自己特有的專長。

❹ 獲益：在新的一年安排各種挑戰和嘗試。

Action

展開一年的長期計畫

❶ 記錄：每天以日記記錄生活軌跡。

❷ 總結：標示出一天中最特別的時刻。

❸ 新年：在年初選定自己去年的十大新聞。

❹ 鼓勵：給自己充分的稱讚和鼓勵。

44 透過閱讀拓展視野

書是能夠提供慰藉，盛載各種知識的深海。當我們對前途感到迷茫時，書也是最好的指南，能夠幫助我們找到自己真實的渴望。我經常會在書中發現自己想說的話，那些難以化成言語的想法，會在某一刻與書中的文字產生共鳴。

「對，這就是我想說的！作者竟然有和我一樣的想法，真神奇！」

我一邊點頭贊同，一邊在書上劃線，然後沉浸於作者的文字裡。

我很常推薦書籍，所以看起來好像從小就喜歡閱讀，但其實我是到二十幾歲時才正式進入踏入書海。大學時某堂通識課的暑假作業，是寫一本書的讀後感，指定書籍為米蘭．昆德拉（Milan Kundera）的《生命中不能承受之輕》。在閱讀的過程中，我發現原來「不是只有我覺得辛苦」、「人生原來就是如此」。從陌生人身上找到與自己相似之處，讓我感受到莫大的安慰，而這本書，就成為我愛上閱讀的契機。

「什麼是生命中不能承受之輕呢？人生明明如此沉重。我抱著質疑的態度開始閱讀。」

後來，我津津有味地讀完全文，然後像寫日記一樣，完成教授指定的作業。把心得交出去之後，教授在課堂上點我的名字，要我把讀後感唸出來與大家分享。當時的我，只是迷迷糊糊地遵從指令，走到教室前方發表心得。

「掌聲！讀後感就是要這樣寫！」

那是我第一次在發表後受到稱讚，教授的話，在我耳中聽起來像是：

「書就是應該這樣讀。」

從此之後，我打破了「閱讀＝枯燥」的刻板印象，開始愛上經典文學。

享受閱讀的益處

我第一次愛上的書是小說，至今小說仍是我的摯愛，為我提供非常多的幫助。閱讀小說時，我感到無比地幸福，甚至覺得這輩子只要讀小說就夠了。我特別喜愛《麥田捕手》、《你喜歡布拉姆斯嗎？》、《傲慢與偏見》、《德米安：徬徨少年時》、《漂泊的靈魂》、《大亨小傳》和《希臘左巴》。作者以溫柔的視角看待人與生命，主角認真且堅定地活出自我，或者登場角色特別專注於個人生活，這些內容都深深吸引著我。那麼，你喜歡什麼樣的書呢？

閱讀能帶來啟發，揭示生命的方向。茫茫人世，不曉得該何去何從時，書總是能給我們答案。對我而言，《希臘左巴》裡堅韌的主角正是如此。小說中曾有這樣的場景：左巴準備在山上搭帳篷過夜，狂風猛烈地襲來，似乎要闖入帳篷一般。於是，左巴對著風大聲喝斥：

「有本事就試試看，我倒要看看你進不進得來！」

與風搏鬥的左巴，實在是太帥氣了！我也想像左巴一樣，專注於當下的生活，努力去追求自由的人生。

從書中看到並欽羨的那些特質，總有一天會成為我的一部分，因為人只要喜歡某樣事物，就會漸漸與之相似。我們從閱讀中獲得啟發，重新覺察、詮釋並體驗這個世界。而多虧了小說的存在，我才能昂然挺立於這片大地。

此外，閱讀的另一項好處，是得以藉此拓展視野。人的時間有限，但透過閱讀，我們能間接體驗到其他事物，縮短準備與練習的過程。假如你是初次創業，而身邊沒有參考或諮詢的對象，那麼閱讀與創業、個人發展相關的書，就是非常好的選擇，能藉此取得詳細且關鍵的資訊。我也是從創業相關的書籍中，意識到自己必須成為對社會有貢獻的人，從消費者轉為生產者，然後才踏上內容創作的道路。後來，我選擇了大眾需求的口語表達領域，並將其發展成事業。換言之，我藉由閱讀滿足自身的渴望，也將其內化成自己的一部分。

心情低落，身邊又沒有人可以依靠時，不妨去書店逛逛吧。最近，每個地區都有特色獨具的書店，我也非常喜歡四處探訪，只要在地圖上搜尋「書店」、「書屋」或「書店咖啡」，就能輕鬆地找到。獨立書店的優勢，在於策展非常精緻，每本書都有貼心的推薦語，有助於接觸陌生領域的優秀作品。此外，如果詢問有沒有「適合憂鬱時看的書」、「令人動容的愛情故事」、「能開懷大笑閱讀的輕鬆小品」等，店員通常會熱情地為你挑選和推薦。

如果對自己的內心感到好奇，則建議多閱讀心理學相關書籍。這時，我偏好去大型連鎖書店，到分類書區尋找適合的作品。金惠南的《三十歲前一定要搞懂的自己》、安慶熙（안경희）的《我希

望你能好好活著》、尹弘均（윤홍균）的《自尊感課程》等書，都曾經為我帶來極大的幫助。光是理解憂鬱感和憂鬱症的不同，以及自尊感與自信心的差異，情緒就能有所改善。閱讀這類的書，有助於正確認知內心的情感狀態，從文字中獲得的啟發，更能化為成長的堅實基礎。

親近閱讀的方法

養成閱讀習慣的第一步是整理書籍，將手邊不看的書賣給二手書店吧。倘若沒看過的書堆積如山，很容易讓自己覺得「我不喜歡閱讀」。買了書卻不讀，自然不會想再接觸新書，家裡也沒有多餘的空間擺放。有些書是因為暢銷才購入，但實際上往往連第一頁都沒翻開，尤其內容厚重的話，預估至少要三個月才能看完，所以一直無法下定決心——想著「總有一天要看完」，卻遲遲沒有付諸行動。不妨分析一下自己的閱讀偏好，把這類束之高閣的書都清掉吧。

每個人都喜歡完整地看完一本書，這種達成挑戰的成就感，會讓我們有所成長。假如覺得厚重的書過於負擔，建議先從輕薄的詩集或短篇隨筆起步。

想與書親近的人，經常會有這樣的幻想：希望自己能自然而然地拿起書，而不是一直低頭滑手機；期許自己能覺得閱讀是件有趣的事；渴望藉由書籍快速地吸收知識，而不是沉浸在 YouTube 裡。然而，習慣性地翻開書本，並沒有想像中那麼簡單，因為比書吸引人的事物實在太多了！

那麼，空檔時再把書拿起來讀就好嗎？不，必須刻意騰出時間來閱讀。例如每個星期天花四小時讀書，就像固定在某天休假一樣，在這段時間裡，只專注於閱讀。我曾經試過四小時完全地投入，就算同時閱讀和抄寫筆記，也能輕鬆地讀完一百頁，相當於一個月可以讀完一本書。若能事先安排好閱讀時光，便能體會到徜徉書海的愉悅。

在這段時間裡，建議將手機調成勿擾模式，關閉訊息通知等干擾。至於要讀什麼書，其實不必有特別的限制，什麼類型都無所謂。但請務必記住，在閱讀時光裡，應避免觀看 Netflix、YouTube 或電視，也不要對新聞產生好奇。閱讀重質而不重量，能深入讀完一本書才是關鍵。

抄寫筆記的收穫

幾年前我遇到過一位學員，他的興趣是抄寫佳句。每逢週末，他就會花五個小時在咖啡廳裡抄寫，而且已經堅持了五年。我知道抄寫有很多好處，記者在準備新聞從業考試時，也經常透過抄寫來練習，但這並不是件輕鬆的事，手部非常地耗力。我詢問那位學員如何能維持長時間的抄寫，他如此回答：

「有一天，我脫口說出一句很有深度的話，回家後我就不斷思考：『這句話到底是從哪裡來的呢？』後來我才發現，那是我抄寫過的句子。下意識地講出名言佳句，這就是抄寫的力量。」

從那時起，我也開始嘗試抄寫佳句，並買了金時賢（김시현）的《抄寫，寫出你的人生》作參考。這本書，詳細敘述了抄寫如何改變人生：作者為了成為作家，不斷抄寫自己喜歡的文章，最後如願達成了夢想。至今為止，我也維持超過五年的抄寫習慣，星期天早上，我通常會到書店咖啡廳一邊閱讀、一邊抄寫。讀書時，如果看到打動人心的句子，我會把它抄到日記本的後面，假如當天沒帶

日記本，就會在書上劃線並拍照，回家後再把句子謄到日記本上。

抄寫時的感覺非常特別。透過眼睛閱讀，一字一句足以觸動心靈，透過紙筆抄寫，則是深深地刻進腦海，豐富了閱讀的層次。除了理解和啟發之外，抄寫會讓人在無意中汲取精煉的語句，有助於日後出口成章。因此，請試著為自己閱讀吧，專注於文字，將會感受到前所未有的充實。此外，看到日記本上寫滿自己精選的佳句，心中也會忍不住感到驕傲。

Key Point

透過閱讀與自己相遇

❶ 影響：在書中找到自己欽羨的角色，獲得刻骨銘心的教誨。

❷ 書店：探訪書店，汲取必要的知識。

❸ 抄寫：透過抄寫來累積名言佳句。

❹ 深度：深入地讀完一本書。

Action

確保個人的閱讀時光

❶ 確保：訂出自己的閱讀時間。

❷ 專注：把手機設定成勿擾模式。

❸ 中斷：切斷與外界的連結。

❹ 熟讀：徹底地徜徉在書海裡。

45

養成與身體對話的日常習慣

只要經歷過一場大病，對待身體的態度就會改變。幾個月前，我終於擺脫了甲狀腺機能亢進——負責免疫功能的甲狀腺異常，導致免疫系統出現問題。過去每到九點，身體就會像昏倒了一樣自動斷電，夜裡還會因背部肌肉疼痛而飽受折磨。下午時，眼睛經常腫脹，且就算坐著不動，身體也會不斷消耗熱量，令人覺得燥熱又疲倦。無止境的疲憊感，讓我的脾氣跟著暴躁，情緒亦變得加倍敏感。

當時，醫生建議我不要工作，徹底地休養身體，我忍不住陷入絕望。事業才剛起步一年，正是需要站穩腳跟、追求穩定發展的階段，但醫生卻告知我必須靜養。於是，我開始怨天尤人，為什麼這種事會發生在我身上？為什麼偏偏是我？不過，我也嘗試反問自己：為什麼不可能呢？為什麼覺得疾病一定會跳過我？後來，我慢慢地接受自己生病的事實，因為每個人都有可能遭遇疾病，只要身體過勞，機能退化也是很自然的現象。即使甲狀腺順利康復，以後身體其他部位仍有可能出現問題，若每次都感到挫敗，又要怎麼繼續生活？我只能學著接受，然後比以前更用心地聆聽身體的聲音。

失去過，才知道健康的可貴

你多久運動一次呢？過去的我，以工作忙碌為藉口，整整一年沒有做任何運動。每週六天、每天授課十小時，連吃飯都草草解決。因為擔心事業失敗，所以我給了自己許多不必要的壓力，而甲狀腺機能亢進的症狀之一，就是焦慮和不安。後來，我開始接受長期的藥物治療，每兩個月到醫院進行一次抽血檢查。生病的那段期間，恰巧碰到新冠疫情肆虐，無法進行面對面授課。或許這就是天意吧，我為自己安排了登山活動。登山是我很喜歡的一項運動，但是，那天我只爬了一小段路，就覺得喘不過氣，心臟也難以負荷。當下的我，終於明白醫生為什麼要我避免運動，盡量在家靜養。無法隨心所欲做自己想做的事，這種感覺著實令人沮喪。

不過，我還是一步一步地往上爬，漸漸找回熟悉的感覺。究竟有多久沒這樣親近自然了呢？腳踩在泥土上的觸感、樹蔭下的閒適、鳥兒啾啾的生命之聲，還有溪水奔流的清脆聲響。我愈爬愈高，內心也愈來愈平靜，讓人不禁感激自己能擁有生命。我曾經忽視過這片山林，而山林卻始終對我展開雙臂：

「我就知道妳會回來，我一直在這裡等妳。」

我忍不住熱淚盈眶，對眼前的這片自然充滿感激。我每天被忙碌的生活追趕，對山林視而不見，但它卻一直靜靜地守候在原地。

唯有失去過健康，才會知曉健康的可貴。為了管理好自己的狀態，必須保有運動的習慣——這是我在生病後最深的體悟。此外，無論碰到什麼情況，都不能選擇犧牲健康。

找到適合身體的運動

藥物治療搭配登山運動，兩年後我的指數終於恢復正常。我遵從醫囑停止服用藥物，三個月進行一次抽血檢查，以觀察數值是否穩定。每次去聽檢查結果時，我總是忐忑不安，因為甲狀腺機能亢進在停藥後，有五〇％的機率復發。只要稍微感到疲憊，我就會擔心病情是否惡化。就這樣，經過一年六個月，終於到了最後一次血液檢查的日子。

「指數非常穩定，治療結束了！」

醫生帶著笑容，告訴我：辛苦了。為了獎勵自己克服這段痛苦的時期，我買了一張飛往夏威夷的機票，當作送給自己的禮物。而在夏威夷的期間，我執筆撰寫這本書的初稿，並開始養成慢跑的習慣，因為我再也不想失去健康。

我雖然很喜歡登山，但在夏威夷爬了一、二次山之後，不禁覺得有些害怕。那裡的樹木，就像十層樓的建築般巨大高聳，彷彿隨時都會有恐龍出沒。相較之下，慢跑則是一種安全的運動。從早上到下午，我會待在室內寫作，然後在傍晚五點左右到室外慢跑。望著廣闊的太平洋，以及被日落染紅的天空，我的胸口感到一陣沸騰。

開始跑步後，我的飲食習慣產生一百八十度的轉變。我不知道跑步和食欲之間有何關聯，也無法用邏輯解釋，但在慢跑完後，我的身體開始渴望吸收生冷的食物。生菜沙拉變得非常美味，水果的香甜滋味，更是讓我忍不住一口接一口。過去的三十年裡，我很討厭吃冰冷的食物，所以幾乎不碰蔬菜和水果，如今口味卻和以前完全相反。

最重要的是，跑步這項運動很適合我的身體，甲狀腺機能亢進所導致的浮腫，也在跑步後消失了。登山一般會產生乳酸堆積，體重反而增加了兩公斤，後來，我也嘗試過瑜珈和有氧，但仍然無法消除身體的浮腫，直到慢跑後才有所改善。因此，慢跑成為了我運動時的最佳選擇。跑步讓我的身體渴望健康飲食，我開始攝取富含營養且來自天然的新鮮食材。當我認真傾聽身體的聲音，健康狀態就出現好轉的跡象。當然，如果過度疲勞，還是得擔心自己的身體難以負荷，但目前狀況正不斷改善。

生病之後，我才開始真正用心照顧自己的身體，加倍努力地運動。從現在起，每天花點時間與身體對話吧！感受肌肉的連動，觀察身體在什麼時候以什麼樣的方式反應，或者哪些部分較為虛弱，藉此找出適合自己的運動方法和習慣。健康的運動，關鍵在於不勉強，而且能夠安全、長久地持續。就算沒有他人規定或提醒，自己也能主動管理身體狀態，創造健康的日常，這是一件非常有成就感的事。漸漸地，你會開始產生一種預感，覺得自己的狀態好像可以一輩子維持下去。

實力來自於體力

在培養運動習慣時，也可以找一個榜樣來學習。我開始慢跑，最初是受到村上春樹的影響，在《關於跑步，我說的其實是……》這本書裡，他以小說家的身分談跑步。村上春樹在決定成為作家後，徹底改變了自己的生活模式。過去的他經營爵士酒吧，經常工作到凌晨才就寢，晚睡晚起是生活的常態。後來，他將店面轉讓給他人，並意識到寫長篇小說需要體力，所以督促自己開始運動。搬到鄉下後，由於當地沒有健身房，所以他便在社區裡跑步，一週六天、每次跑十公里。經過長期的訓練，他每年都能夠參加全馬，甚至還挑戰鐵人三項。

這些習慣，村上春樹已經堅持了數十年，而且單純是為了支撐寫作。既然走上創作這條路，他便全心全意地投入其中。從村上春樹身上，我深刻體會到勤勉不懈的力量，亦見證了努力所換得的豐碩成果。若讀過《身為職業小說家》、《遠方的鼓聲》，就能知道他是以什麼樣的態度在寫作，又是如何度過生活中的每一天。因此，我將村上春樹視為榜樣，認真地跟隨他的腳步。

你有終生的志業嗎？對你而言最重要的是什麼？無論答案為何，若想實現自己的長期目標，都必須有良好的體力作基礎。請試著思考看看，自己應該怎麼做，才能培養出「實現夢想的體力」。只要願意努力，變化必定會隨之而來；維持健康，就等於是守護自我。

追求身材姣好的前提

我們應該考慮的重點，是自己的身體需要什麼，而不是外表看起來苗條又帥氣的身材。例如跑步時，能輕鬆有力地踩踏地面的臀部肌肉、年紀漸長也能順利上下樓梯的結實大腿、支撐自己從床上起身的腹部肌肉、可以提重物的手臂肌肉、足以保持正確姿勢的核心肌群等，這些才是我們身體真正的需求。不管時下流行什麼運動，人們鼓吹哪一種訓練，最重要的都是自己的身體需要哪些條件，我們只要關注這個部分即可。切記，只有自己才能聽到身體的呼喚與訴求。

最近，我會在平日早上六點三十分參加 CrossFit 課程。CrossFit 是一種結合多種肌力訓練的高強度運動，一位擁有七年經驗的朋友，向我推薦了這項課程。

「做 CrossFit 的話，可以順便鍛鍊胸肌和腹肌，有空來體驗看看免費課程吧！」

第一次上課的那天，我遇到一位六十多歲的女士，她說自己已經練了六年，還鼓勵我若覺得有趣，可以繼續參與課程。我當天就完成報名手續，為了準時上課運動，現在我最晚也會在六點十分起床。多年來早睡早起的願望，透過 CrossFit 課程而得以實現。早上運動完後的成就感與充實感，支撐著我每天在固定的時間出門。以前如果沒有順利達成運動目標，我會感到愧疚和自責，但自從參加 CrossFit 課程後，就再也沒有這種煩惱。早上安排 CrossFit，晚上則去跑步，最近甚至還重啟了登山活動。

讀到這裡，你可能會感到好奇，我究竟什麼時候和朋友見面呢？其實，因為我的工作和運動都是和他人一起進行，所以並不會產生「想出去玩」的欲望。我很少主動安排聚餐或約會，除了運動的時間，基本上都在工作。工作這件事，通常愈做愈有心得，而我也樂在其中。尤其是授課時，與學員們的互動都像是在「玩」，甚至比和朋友嬉鬧時更加雀躍。當然，課堂上並非單純的玩樂，課程內容非常緊湊，而且從頭到尾都充滿理論和演練。授課的過程之所以有趣，就在於徹底的投入與不斷的改進，會帶來極大的成就感。**我幾乎不曾在工作中感受到壓力，和玩樂比起來，我更希望自己能一輩子從事這份工作**。因此，現在的首要目標，就是管理好自己的健康狀態。

Key Point

每天都要與身體對話的原因

❶ 健康：能夠照顧陪伴自己一生的身體。

❷ 運動：可以找到適合自己的運動。

❸ 肌肉：比起吸引人的身材，更專注於身體需要的肌肉。

❹ 體力：若想一輩子做自己喜歡的事，良好的體力不可或缺。

Action

把健康擺在第一

❶ 運動：尋找適合自己的運動。

❷ 飲食：按時攝取新鮮的食物。

❸ 日程：把運動時間納入行程裡。

❹ 習慣：記錄為了健康必須遠離的事物。

46 人生的指標與價值觀的力量

「假如一週後就會死，你還想繼續做現在的工作嗎？」

作家孫美娜在「如何找到讓自己心動的職業」這堂課上，拋出了上述的提問。那一瞬間，我才突然意識到，身為購物台主持人的我，好像完全忘記了生活中有死亡的存在。在購物台工作，業界流傳著一句話：「只要撐過前三年，就可以再做三十年。」亦即，在剛進公司的三年裡，主持人會摸遍所有商品，以後不管接到什麼廣告案，都能輕鬆自如地應對。當時的我，就是為了往後的三十年，努力在前三年「苦撐」。但是，苦撐的前提，是要保證自己能再活三十年，不是嗎？死亡有可能隨時降臨，我不希望自己最後一份工作是購物台主持人，面對人生的終程，但求走得無怨無悔。那麼，是不是應該找到一份工作，讓自己能享受到人生的最後一刻？

生命的珍貴，就在於它終會結束

第一次感受到死亡的存在，是在高一時，朋友請我陪他去參加他朋友母親的喪禮。那位朋友雖然沒有和我讀過同一間學校，但我們從初中時就認識。十七歲時失去母親，究竟是怎樣的心情呢？當時，他帶著淡淡的微笑迎接我們，但朋友卻忍不住痛哭失聲。

「媽媽生病很久了，我們早已有心理準備。」

喪主反過來安慰弔唁的朋友，而我卻一句話也說不出口，甚至連輕拍對方肩膀的勇氣都沒有。看著朋友在一夕之間被迫認清死亡，對死亡一無所知的我，覺得自己似乎沒有流淚的資格。

爺爺的棺木被送進火化爐的場面，再次浮現於腦海。那天，是我第一次看到父親哭泣，他的背不停地抽搐顫抖。望著父親的背影，我覺得自己好像不該哭得比他大聲，所以一直壓抑著情緒。對於失去父親的父親，我好像沒有能為他做的事。

死亡接連不斷地現形：匆促的死亡、計畫中的死亡、意外的死亡、預告的死亡……死神以不同的形式出現，讓活著的人各自留下遺憾。每當見到喪親者背負著巨大的悲痛與絕望，就深刻感受到人類在死亡面前，究竟有多麼地脆弱與無助。

我在卡夫卡《給父親的一封信》裡，讀到這樣一句話：「生命的珍貴，就在於它終有結束的一天。」這句話深深刻在我的心上，進而成為人生的價值觀。

人們大多認為，明天太陽依舊會升起，自己的生命也會不斷延續。然而，這種想法，是不是一種錯覺呢？死亡隨時有可能降臨；活著，本來就是走向死亡的旅程。

一旦意識到死亡的存在，日子就不會無趣，因為每一刻都變得彌足珍貴。面對有限的生命，人們會強烈渴望活出自我價值，迫切地想找到自己的人生價值觀。

「和你在一起，我死而無憾」

某次，我在一對一授課時碰到一位護理師，他曾在大學醫院工作了十年，後來轉職到公家機關。公職不僅有充足的育嬰假、保障退休年金，上下班時間也非常規律，這些優點促使他決心轉換跑道。不過，在大學醫院裡，他負責照顧急診病患，每當病人康復出院時，都能感受到滿滿的成就。如今，公職的型態十分枯燥，他再也體會不到過去的那股充實與滿足。同事們羨慕他職場穩定，可是他一點也不快樂。授課時，他問我應該怎麼做比較好，並且對我辭去工作、創立個人事業的心路歷程感到好奇。

「假如一週後就會死，你還想繼續做現在的工作嗎？」

我將孫美娜作家的提問轉述給他聽，然後進一步說道：

「我希望在面臨死亡的那一刻，是做著自己喜歡的工作。我花了一年半的時間，才摸索出現在這條路，所以就算我今天就會死，內心也沒有任何遺憾。我人生中遇到的最後一個人是你，我也覺得很滿足，沒有絲毫的後悔，因為與你見面是我自己的選擇。你也試著回頭問問自己吧，一定能在心中找到答案。」

他忍不住紅了眼眶。幾天後，我收到他傳來的問候簡訊，他再度回到了大學醫院任職。

我們總覺得自己的生命能無限延續，即便身邊有無數的死亡經過，也覺得事不關己。但是，唯有真正感受到死亡臨近，生命的輪廓才會逐漸變得清晰且透徹。

「今天和你們在一起，我死而無憾」，這是我經常對學員們說的話。我隨時準備好面對死亡，而且一點也不懼怕。即便是撰寫著書稿的現在，建築物突然倒塌，我也死得無怨無悔。雖然書籍無法出版，會讓我覺得有些可惜，但我已經出版過一本書，所以能坦然接受現實。然而，這樣的態度，不代表我對這本書不用心，情況其實正好相反。第一本書在自我成長類別裡登上排行前一百名，讓我在寫第二本書時備感壓力，但擺脫恐懼的唯一方法，就是竭盡全力寫下書裡的一字一句。在撰寫書稿時，我抱著死亡可能隨時降臨的覺悟。你可能會想：「有這麼嚴重嗎？」但我說的都是事實。在出發前往夏威夷的早晨，我甚至先寫好了遺書才出門。這本書，有可能是我留在世上的最後一部作品，所以我為此傾盡心血。但願你能一直讀到最後，並且好好地珍藏這些文字。

你的價值觀是什麼呢？

現在，我想問問你的想法：你的價值觀是什麼？支撐生活的力量來自哪裡？你希望自己的人生朝什麼方向走？價值觀就是人生的指標，擁有價值觀與否，人生會完全不同。缺乏價值觀的人，容易被外界的視線和聲音左右，不曉得自己該往哪一個方向前進。反之，價值觀明確的人，對人生的道路有既定的方向，無論碰到多少阻礙，都能一路披荊斬棘。即便在途中遭遇挫折，也能勇敢地站起來，繼續邁向光明的未來。

因此，我誠懇地建議，無論如何，都必須擁有堅定的價值觀——**不被任何事物動搖、屬於自己的信念，以及朝著目標前進、積極主導人生的力量**。別盲目地引用書中的名言或佳句，試著找到穿透生命、直擊內心，讓你由衷感嘆，甚至驚訝到久久不能言語的句子和詞彙。唯有這些，才稱得上是你的價值觀。

如果要用一個詞彙來概括我的價值觀，應該就是「死亡」與「自由」，它們貫通了我的人生。回顧成長歷程，我的人生充滿一連串的束縛：在保守的家庭中長大，不能穿短褲或無袖上衣，與朋友外出遊玩，也必須在日落前返家。父母希望我待在有退休保障、經營穩定的公司，所以當我決定不再受僱於他人，自己獨立創業時，父母可以說是心急如焚。我並沒有無條件獲得鼓勵與支持，對父母而言，我一直是個讓人擔憂且焦慮的女兒。

但是，隨著不斷探索自己，我漸漸明白：父母的不安，是透過擔憂來表現；而我則與之相反，內心愈是不安，就愈是想勇往直前。從小時候開始，我就果敢且好奇心旺盛，對探索世界抱有強烈的渴望。我所在之處的另一邊，有什麼樣的世界在等著我呢？我熱衷於新鮮事物，喜歡藉由奔跑來感受活著的感覺；我用全身去舞動，體驗世界與人群的多樣性。

有趣的是，我雖然對保守的父母感到敬畏，卻從未因此妥協。以前我曾有機會前往加拿大留學，但在父母的反對之下，最終未能成行。這件事，在我心中留下遺憾。於是，隔年我申請了莫斯科交換學生，在通過後才告訴父母。

「你要去俄羅斯？」

我說服憂心忡忡的父母，堅持自己的決定，踏上交換學生的旅途。

每次我提出離職時，父母總是反對，但是我透過職場的轉換，累積到不少經驗。我勇於挑戰，在慘烈的挫敗與孤軍奮鬥中，逐漸變得成熟和穩重。因此，當我決定創業時，已經對自己瞭如指掌，能夠果斷地做出決定。

「即使明天就會死，也要全力以赴，做自己認為對的事。」

結束十年的上下班生活，最重要的關鍵就在於「自我確信」。如今，我終於穩健地打造出屬於自己的事業，父母也為我送上支持和鼓勵。

周邊的人支持與否其實沒那麼重要，最核心的部分在於「自我確信」。假如連我都不相信自己，就不可能有今天的我。我深愛我的父母，但我更愛自己；唯有我真正地存在，我的世界才會轉動。我不斷深入內心，找到渴求的事物，並努力開拓屬於自己的人生。在混沌的世界裡，我奮力抓住自己的根基與價值觀，才終於造就今日的我，活出自己期盼的模樣——這就是價值觀偉大的力量。

你對自己的了解有多少呢？愈是專注於自我，「我」就愈是卓越；愈懂得愛自己，就愈能成為獨特的存在。因此，先學會珍惜自我吧！在關愛自己的同時，也別忘了樹立足以鞏固人生的價值觀。

Key Point
何謂足以成為人生指標的價值觀？

❶ 死亡：思考自己想要享受至人生最後一刻的事。

❷ 差異：價值觀的有無，會造就完全不一樣的人生。

❸ 方向：幫助我不至於在人生的旅途中徘徊或迷失。

❹ 主導：主導自己人生的力量與信念。

Action
建立個人的價值觀

❶ 死亡：認清人類是有限的存在。

❷ 關愛：用關愛的角度看待自我。

❸ 方向：決定人生前進的方向。

❹ 句子：用一句話概括支撐人生的力量。

47

說出來就能實現

有長達一年半的時間，我在Google新創園區以「成功領袖的語言」為題，每個月舉辦二百人左右的講座。某天，當我正在分享「成功的說話方式」時，有人提到了關於「失敗」的話題。

我：如果有人能夠提供我需要的情報，我會親自去找他請求協助。我剛開始經營YouTube時，請教過許多業界的專家；創立公司時，也從優秀的創業家那裡獲得了建議。雖然是素不相識的人，但他們分享了極具參考價值的經驗。十次的請益，十次都很成功。各位也需要這種積極主動的態度，走在前方的人，通常很樂意向後輩提供建議。

學員：那麼，老師您是不是有做好準備，來應對拒絕或失敗呢？

我：失敗？你指的是什麼呢？

學員：例如對方不想和您見面，或者見面之後，也有可能以商業機密為由，拒絕分享經驗。碰到那種情況，不是很尷尬嗎？您通常會先做好什麼樣的心理準備？

如果是你，會怎麼回答呢？那天我才突然驚覺，原來自己從沒想過「失敗」這件事。於是，我如此回答：

「哇！真是令人驚訝，我從來沒這樣想過。今天才意識到，原來過去的我從來沒想過會失敗或被拒絕。相信自己一定會成功，或許這就是成功的祕訣吧！」

吸引力法則

我想起《祕密》一書中包伯．普克特說過的話。

「『祕密』指的正是吸引力法則。你生命中所發生的一切，都是你吸引來的。它們是被你心中所抱持的『心像』吸引而來；它們就是你所想的。不論你心中想什麼，你都會把它們吸引過來。」

今年我第一次讀這本書，覺得內容無比地親切，因為我的人生經歷，恰巧與書中的描述相吻合。《祕密》這本書的主旨，是心中想什麼，就會吸引到什麼樣的事物。換句話說，人生是由自己所創造，若能專注於內心的渴望，並對此全力以赴，吸引力法則就會把那些事物帶到我們身邊。

舉例來說，許多人渴望變富有，但有些人順利成為富翁，有些人卻成為負債累累的債務人，其中的差別，就在於他們吸引的事物不同。前者心裡想的是「我想變成有錢人」、「我要擁有十兆的資產」、「我要把自己的事業拓展到全世界」，於是吸引了「財富」；相反地，後者心裡想的是「我希望自己沒有負債」、「我想趕快還清貸款」、「只要沒有負債，此生別無所求」，於是吸引到「債務」。這本書裡，還提到善於停車的人。

「人們對我等到停車位的方法非常驚訝。打從一開始了解這個祕密，我就這麼做了。在我想要停車的地方，我會在腦中想像一個停車位，有九成五的機率那兒真的會出現空位，我就直接把車子停進去。其他五%的時候，我只要等個一、二分鐘，就有人把車子開走，讓我停進去。」

在我還不知道「祕密」的時候，就已經這樣做了。即使是在號稱「停車戰場」的首爾弘大或江南市中心，我也總是能成功停到車位。家人和朋友都稱呼我為「停車高手」，並對此感到不可思議。

「興茱每次都能找到車位。」

我總是相信自己一定有車位，只要把車開到距離目的地最近的位置，每次都能順利停車。最近，某間企業因為所在的建築物停車空間狹小，他們提前通知我，希望不會造成我的困擾，但我安慰對方不必擔心。果然，我一抵達停車場，就看到電梯旁有個最好的位置在等著我。

想法將化為現實

你平常擁有怎樣的思維呢？我們的所有想法，都會反映到現實生活裡。一直以來，我不斷向數十萬名的學員宣傳這一點：我們的想法和言語，終將成為真實。許多學員也親身體驗了驚人的改變，對語言和思維的力量感到驚嘆，並且持續創造更多奇蹟般的轉變。現在，輪到你了！**想法對語言有著極大的影響，假如你相信我們的所思所言會吸引到不同的事物，那麼自然會用充滿希望和正能量的話，來填滿自己的人生**。到目前為止，我在書裡提及的內容，都可以歸結出一個重點——說出來就能實現。

在我辭掉工作，成為自由工作者後，就去印製了新的名片。當時名片上寫的「自由播報員」，我覺得不太滿意，因為沒有所屬單位或公司地址，看起來十分單薄。因此，我寫下了自己夢想的職業，在名片的一面印上「播報員、作家、口語講師」，另一面則印上「興按鈕」，並加上一個手繪Q版人物。印製名片已經是十年前的事，這段期間，我實現了名片上印的所有頭銜。如今，我是KBS廣播電台的播報員，曾為許閣的歌曲作詞、出版過兩本書，也在演講領域中相當活躍。此外，我還是「興按鈕」公司的代表。

語言的力量超乎想像。我相信語言的力量，而且隨著口語能力不斷提升，我的人生也有了極大的轉變。我愈是懇切地渴望，就愈能將自己想要的事物化為現實。最近，我每天早上都會告訴自己：

「這個世界非常歡迎我，而且正在守護著我。」

因此，我能自由地前往各地，不管走到哪裡，我都相信自己會受歡迎，安全也受到保障。這樣的信念，支撐著我把足跡延伸到全世界。你也相信語言的力量嗎？你的信念有多堅定呢？

在撰寫書稿的期間，我持續跑步，帶著微笑一路奔向前方。隨著內容完稿，未來彷彿一片光明。我相信，這本書會受到無數讀者歡迎，且為了迎接預見的未來，我正努力學習英語，並管理好自己的健康狀態。我渴望到世界各地巡迴演講，分享自己的經驗，展開偉大的夢想藍圖。

你的未來是什麼模樣呢？此刻浮現在腦海裡的畫面，那個光是想像就讓你幸福不已的目標，試著把它吸引過來吧。最重要的是，內心必須相信這是注定好的未來，然後勇於說出口：璀璨的未來正向我走近！切記，未來，是由自己所創造。

Key Point

說出口就能成真的法則

1. 思維：心中想什麼，就會吸引到什麼樣的事物。
2. 成功：說出來，就能化為現實。
3. 專注：專注於自己渴求的事物。
4. 積極：讓自己充滿積極、正向的思考。

Action

說出自己的願望

1. 未來：寫下自己渴望的未來是什麼模樣。
2. 信任：相信自己已擁有璀璨的未來。
3. 發話：把寫的東西大聲念出來。
4. 強化：定期反覆上述過程，予以強化。

結語 願我們能攜手邁向幸福

希望這本書，能伴隨你一起成長。我有定期重溫愛書的習慣，雖然市面上有琳瑯滿目的作品，但真正對我的人生造成影響的書，只有不到十本。內文中提到的那些著作，都在我的人生書單列表上。隨著年紀增長和環境變化，我們的觀點也會改變，這就是為什麼每次重讀一本書時，都會從中發現新的驚喜。我喜歡這種感覺，所以會反覆地閱讀自己的愛書，並且將它們視若珍寶。希望你的「人生之書」裡，也會有《創造幸福的對話力》；但願它能在你的生活裡占有一席之地，持續幫助你成長，讓你變得更加幸福。

撰寫書稿的期間，我笑過、也哭過。大多時候，我都在家中安靜地寫作，否則若有人看見，大概會被我寫稿時的模樣嚇壞。我為自己人生中閃閃發光的片段驚嘆，許多遺留在記憶深處的碎片，在寫稿的期間重新被拾起。就連某些當下覺得不以為然的事，回想起來也覺得感激萬分。有些回憶，如果不是因為寫書的關係，我可能永遠不會再記起。對我而言，這是一場深入內心、與過去相遇的過程。曾經的痛苦與創傷，如今已然痊癒，進而化為寫作的素材。以前從書裡獲得慰藉時，我總想著有朝一日，自己也要用文字來給予他人安慰。現在這個願望得以實現，我打從心底深深地感激。

而最讓我激動的，是我又出版了第二本書。撰寫初稿時，身心都非常地痛苦，有時連一個字也寫不出來，彷彿置身絕望的境地。為了不被這種絕望打倒，有時我會出去跑步，或者讓自己小憩片刻。接著，我的手就會自然地動起來，記憶傾瀉而出，開始代替我說故事，痛苦也逐漸昇華為喜悅。寫第一本書時，我很擔心自己無法克服過程的痛苦；寫第二本書時，我漸漸相信自己能戰勝苦痛。雖然這次的痛苦更勝於前，但有趣的是，我開始有點享受這種煎熬的過程。這篇文字，已經是本書的尾聲，寫起來依然困難重重，幸好我還可以忍受。或許，痛苦就像人生一樣，終有結束的一天，所以反倒顯得彌足珍貴。

對我來說，讀者就像是在黑暗中閃耀的星星，每當覺得痛苦時，我就會抬頭仰望那獨一無二的星光。我告訴自己，要讓這本書廣為流傳，與更多讀者相遇。為了達成目標，它必須是一本對人生不可或缺的實用指南，而且我必須寫到讓自己滿意，才能自信地推薦給他人。因此，我不斷地修改，直到通過自己的標準。如今，我可以充滿自信地推薦給你，希望你能一遍又一遍地讀。每讀過一次，幸福都會像雪球一樣愈滾愈大。期待你能把這本書當作禮物，送給自己珍視的對象；盼望經營者能把這本書列進必讀書單，與員工們分享；更期許讀者們能透過這本書習得對話技巧，在生活中建立圓滿的人際關係。

到了最後一段文字，痛苦即將結束，幸福正在蔓延。謝謝你願意讀到本書的最後一頁，為了你的幸福，也為了我的幸福，我會繼續在寫作這條路上努力。雖然必須經歷煎熬的寫稿過程，但我會望著天上閃耀的星星，義無反顧地前進！此刻的我，非常滿足，願你也一定要過得快樂！

實用知識 96

創造幸福的對話力

47 堂解鎖關係、工作與生活的溝通課
대화의 정석 : 일 , 관계 , 인생을 뒤바꾸는 대화의 기술

作　　者：鄭興茱（정흥수）
譯　　者：張召儀

責任編輯：王彥萍
協力編輯：周麗淑
校　　對：王彥萍、周麗淑、簡又婷
封面設計：FE 設計
排　　版：瑞比特設計
寶鼎行銷顧問：劉邦寧

發 行 人：洪祺祥
副總經理：洪偉傑
副總編輯：王彥萍
法律顧問：建大法律事務所
財務顧問：高威會計師事務所
出　　版：日月文化出版股份有限公司
製　　作：寶鼎出版
地　　址：台北市信義路三段 151 號 8 樓
電　　話：（02）2708-5509 傳真：（02）2708-6157
客服信箱：service@heliopolis.com.tw
網　　址：www.heliopolis.com.tw
郵撥帳號：19716071 日月文化出版股份有限公司

總 經 銷：聯合發行股份有限公司
電　　話：（02）2917-8022 傳真：（02）2915-7212
印　　刷：軒承彩色印刷製版股份有限公司
初　　版：2025 年 07 月
定　　價：400 元
ＩＳＢＮ：978-626-7641-68-2

國家圖書館出版品預行編目資料

創造幸福的對話力：47 堂解鎖關係、工作與生活的溝通課 / 鄭興茱（정흥수）著 ; 張召儀譯 . -- 初版 . -- 臺北市 : 日月文化出版股份有限公司 , 2025.07
336 面 ; 16.7 × 23 公分 . -- (實用知識 ; 96)
譯自 : 대화의 정석 : 일 , 관계 , 인생을 뒤바꾸는 대화의 기술
ISBN：978-626-7641-68-2 (平裝)

1.CST: 傳播心理學 2.CST: 溝通技巧 3.CST: 人際關係

177.1　　114006877

日月文化集團
HELIOPOLIS
CULTURE GROUP

客服專線 02-2708-5509
客服傳真 02-2708-6157
客服信箱 service@heliopolis.com.tw

廣告回函
台灣北區郵政管理局登記證
北台字第 000370 號
免貼郵票

日月文化集團 讀者服務部 收

10658 台北市信義路三段151號8樓

對折黏貼後，即可直接郵寄

日月文化網址：**www.heliopolis.com.tw**

最新消息、活動，請參考 FB 粉絲團

大量訂購，另有折扣優惠，請洽客服中心（詳見本頁上方所示連絡方式）。

大好書屋　寶鼎出版　山岳文化

EZ TALK　EZ Japan　EZ Korea

大好書屋・寶鼎出版・山岳文化・洪圖出版　EZ叢書館　EZKorea　EZTALK　EZJapan

日月文化集團
HELIOPOLIS
CULTURE GROUP

感謝您購買 **創造幸福的對話力** 47堂解鎖關係、工作與生活的溝通課

為提供完整服務與快速資訊，請詳細填寫以下資料，傳真至02-2708-6157或免貼郵票寄回，我們將不定期提供您最新資訊及最新優惠。

1. 姓名：________________ 性別：□男 □女
2. 生日：______年______月______日 職業：
3. 電話：（請務必填寫一種聯絡方式）
   （日）____________（夜）____________（手機）____________
4. 地址：□□□ ________________
5. 電子信箱：________________
6. 您從何處購買此書？□____________縣/市____________書店/量販超商
   □ ____________網路書店 □書展 □郵購 □其他
7. 您何時購買此書？ 年 月 日
8. 您購買此書的原因：（可複選）
   □對書的主題有興趣 □作者 □出版社 □工作所需 □生活所需
   □資訊豐富 □價格合理（若不合理，您覺得合理價格應為 ________）
   □封面/版面編排 □其他 ________________
9. 您從何處得知這本書的消息： □書店 □網路／電子報 □量販超商 □報紙
   □雜誌 □廣播 □電視 □他人推薦 □其他
10. 您對本書的評價：（1.非常滿意 2.滿意 3.普通 4.不滿意 5.非常不滿意）
    書名______ 內容______ 封面設計______ 版面編排______ 文/譯筆______
11. 您通常以何種方式購書？□書店 □網路 □傳真訂購 □郵政劃撥 □其他
12. 您最喜歡在何處買書？
    □____________縣/市____________書店/量販超商 □網路書店
13. 您希望我們未來出版何種主題的書？________________
14. 您認為本書還須改進的地方？提供我們的建議？

____

____

____

____

實用

知·識

寶鼎出版